KB052540

자기설득,
마음을 치유하는 길

자기설득, 마음을 치유하는 길

—

인쇄 2014년 8월 5일 1판 1쇄 **발행** 2014년 8월 10일 1판 1쇄

지은이 정인석 **펴낸이** 강찬석 **펴낸곳** 도서출판 나노미디어 **주소** (150-838) 서울시 영등포구
도신로51길 4 **전화** 02-703-7507 **팩스** 02-703-7508 **등록** 제8-257호

정가 16,000원

—

ISBN 978-89-89292-43-2 93180

SELF PERSUASION

자기설득,
마음을 치유하는 길

정인석 지음

Nano 나노
Media 미디어

知人者는 智하고 自知者는 明하며 勝人者는 有力하고 自勝
지인자 지 자지자 명 승인자 유력 자승

者는 强하며 知足者는 富하고 强行者는 有志하며 不失其所者는
자 강 지족자 부 강행자 유지 부실기소자

久하고 死而不忘者는 壽니라.
구 사이부망자 수

　남을 아는 자는 지혜롭고, 스스로를 아는 자는 현명하며, 남을 이기
는 자는 힘이 있고, 스스로를 이기는 자는 강하며, 족함을 아는 자
는 부유하고, 힘써 행하는 자는 뜻이 있고, 그 자리를 잃지 않는 자는
영원하고, 죽어도 망하지 않는 자는 장수한다.

『노자 도덕경老子 道德經』(제33장)

Our ordinary consciousness is not "natural" but an acquired products. This has given us both many useful skins and many insane sources of useless suffering.

우리의 통상적인 의식은 타고난 것이 아니라 후천적으로 얻은 산물이다. 이 산물은 여러 가지 쓸모있는 능력을 주기도 하고 무용한 고통을 주는 광기狂氣의 근원이 되기도 한다.

Charles Tart 『*Waking Up*』

┃ 머리말 ┃

세상 사람들이 겪는 고뇌란 사건이나 문제 자체로부터 기인하는 것이 아니라 사건이나 문제를 어떻게 받아들이느냐에 의해서 달라진다. 이 말에 담긴 뜻은 자기가 어떤 사고와 인식의 틀로 문제를 받아들이고 해석하느냐에 의해서 고민도 쉽게 해소시킬 수 있다는 것을 말한다.

예컨대 편집적일 만큼 '사람들의 인정과 사랑을 받지 않으면 안 된다'는 강한 집착에 매어있는 사람은 잘못된 자신의 생각을 바꾸지 않는 한 항상 불만과 고민 속에서 살게 될 것이다. 때문에 **행복이란 걱정할 문제가 없는 상태를 말하는 것이 아니라, 문제를 처리하는 심적인 능력을 가진 상태**라고 생각할 수가 있다.

체력이 허약해서 질병이 잦은 체질을 가진 사람일지라도 이를 긍정적으로 받아들여 허약한 체질을 통해서 지금 내가 살고 있다는 것에 대해서 감사할 줄 알고 건강이 인생에서 얼마나 소중하다는 것을 앎으로써 지금의 생활을 행복하다고 생각하는 사람도 있다. 또 힘들고 어려운 일을 하면서도 이를 행복하게 생각하는 사람도 있다.

이런 사람은 힘든 일을 할 수 있는 건강을 가진 것에 대해서 항상 감사하게 생각하며 미래의 희망과 꿈에 대한 확신을 가지고 살기 때문에 힘든 인생을 자신의 당연한 운명으로 받아들인 사람이다. 이른바 **운명을 사랑할 줄 아는 사람**이다. 그러나 현실적인 자기를 거부하여 힘들지 않는 인생에 집착한다면 그런 사람은 설혹 쉬운 일을 한다하여도 불행한 사람이 되고 말 것이다.

이런 사람은 어찌하여 나만이 이렇게 힘든 일을 하지 않으면 안 된다는 말인가라고 한탄하기 때문에 사는 것이 지옥이라고 생각한다. 이렇게 생각하는 사람이 하고 있는 일이란 실제로는 그렇게 힘든 일이 아닌데도 하고 있는 일에 불만뿐이기 때문에 자기 마음이 그렇게 받아들이고 있는 것이다.

자기가 하는 일을 힘들고 어려운 일이라고 하여 불만스럽게 생각하느냐 또는 자신에 대한 도전이라고 생각하느냐는 그 사람의 '사고의 틀'이나 '가치관'에 달려 있다. 옛말에 마음속에 뿌리박고 있는 부질없는 집착을 버리면 속세도 선경이라는 말도 있거니와 천국과 지옥도 그 사람의 생각이나 마음에서부터 온다.

혼자 있어도 행복하다고 생각한 사람도 있다. 『자유로부터의 도피Escape from Freedom(1941)』, 『건전한 사회The Sane Society(1995)』의 저자로서 유명했던 사회심리학자 에리히 프롬Erich Fromm은 사람들은 고립과 추방을 두려워한다는 것을 지적하고 있다. **'독거생활** solitude'도 받아들이기에 따라서 그 의미가 달라진다. 소극적인 측면에서 본다면 쓸쓸해서 견디기 힘든 점도 있지만 적극적인 측면에서 보자면 혼자 있다는 것은 인간 본래의 자기 모습을 각성시켜 주는 매우 의미 있는 면도 있다.

본래 인간은 혼자서 외롭게 태어나고 혼자서 외롭게 죽는 존재다. 그러나 사람들은 통상적으로 다른 사람들과 더불어 살고 있고 사회문화와의 연계 속에서 살아온 타성 때문에 자기가 혼자라는 것을 망각하고 있는 것이다. 그렇지만 혼자라는 감정은 그동안 망각했던 인간 본래의 자기를 발견할 수 있게 하는 긍정적인 의미도 가지고 있다.

종교철학자이자 실존주의 철학자였던 키르케고르Sören Aabye Kierkegaard도 인간의 참된 자기 모습에 눈뜨게 된 자기, 즉 자유로운 실존으로서 살아가기 위하여 저속한 매스컴에 맹종하거나 불성실한 대중문화 속에 묻혀 있는 인간이 아니라 자유와 책임에 성실할 것을 신 앞에서 다짐하는 그런 인간을 '단독자der Einzelne'라고 한 것이다. 단독자는 이런 점에서 결코 외롭지 않다고 본 것이다. **요컨대 혼자 있다고 하는 것은 신 앞에 당당하게 설 수 있는 참**

된 자기로 완성되어가는 실존의 과정에 있기 때문에 혼자서 살아가도 행복하다고 생각한 것이다.

많은 사람들이 겪는 고민·불안·우울증 같은 것도 그 사람의 비합리적이며 비현실적인 사고나 왜곡된 인식 때문에 생기는 경우가 많다. 이 경우에는 자신의 비합리적인 사고와 잘못된 인식을 보다 합리적인 사고로 전환시킴으로써 고민을 제거할 수가 있다. 이것은 자기 마음을 다스리는 한 가지 지혜라고 본다. 요컨대 **자기세뇌**self indoctrination 또는 **자기설득**self persuasion이 필요하다.

상담심리학에서는 이와 같은 굴절된 비현실적이며 비합리적인 사고와 인식의 전환을 통해서 불안이나 고민에서 벗어날 수 있도록 돕는 것을 '인지치료Cognitive Therapy' 또는 '합리적 정서행동치료 Rational Emotive Behavior Therapy', '인지행동치료Cognitive Behavior Therapy' 라고 한다. 이 책 서술의 주안점도 여기에다 두었다.

자기 생각이 없는 사람이란 경박해서 부화뇌동하기 쉽고 저속한 대중 매체나 상업적인 정보에 물들기 쉬워서 만족할 만해도 만족할 줄 모르고 감사할 줄 모르며 끝없는 욕망에 매어서 사는 사람이기 때문에 항상 불만이며 불행하다. 또한 자기 생각이 있어도 시대착오적이거나 현실 도피적이며 비합리적인 사고방식을 갖고 있다면 문제를 잘못 해석하여 고민을 스스로가 키우기 때문에 불행할 수밖에 없다. 사람에게는 최선을 다하되 안분자족安分自足하는 생활태도가 필요하다.

우리는 자신의 정신건강을 위한다면 평소에 아무 생각 없이 대중과 매스컴에 끌리어서 생각하고 행동하기 보다는 자기가 믿고 있는 신념이나 인식이 보편타당한 논리성과 현실성에 근거하고 있는가를 검토할 줄 아는 생활태도가 필요하다고 본다.

이 책을 쓰게 된 동기도 여기에 있다. 다행히 이 책을 읽고 나서, 자신의 비현실적이며 비합리적인 사고와 인지의 내적인 과정에 정면으로 직면하여 자기를 부정적으로만 보며 환경을 비현실적으로만 받아들였던 왜곡된 인지의 틀을 전환할 수 있는 자기 설득력을 얻을 수 있는 계기가 되었다면 이 책의 목적은 달성되었다고 생각한다.

2014. 7.

자이열재自怡悅齋에서

정鄭 인寅 석錫 적음

❚ 차 례 ❚

5

나를 받아들이는 마음   217

1

인생의
대전제

이 장에서 강조하고자 하는 점은 세 가지이다. 첫째로 여기서 말하려는 철학이란, 철학이 현학적이어서 일반 보통사람과는 거리가 먼 그런 철학이 아니라 사람마다 가지고 있는 삶의 대전제가 되며 심오한 논증을 초월한 삶의 지표가 되어주는 철학의 의의에 관한 설명이다.

둘째로 강조하고자 하는 것은, 그 사람의 철학이 그 사람의 행·불행을 결정한다는 점이다. 그것은 인지와 사고(철학)가 감정을 지배하고 감정이 행동에 영향을 주기 때문이다.

셋째로, 합리적 정서행동치료법의 인생철학을 스케치하여 2장 이하의 이해를 돕고자 하는 점에다 역점을 두었으며, 인지치료법과 우울증은 이를 뒷받침하기 위한 하나의 사례설명이 될 것이다.

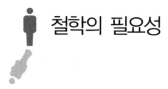 철학의 필요성

여기서 말하는 철학이란 학문적인 연구의 대상이 되고 있는 철
학이 아니라 인생의 가치선택이나 판단의 기준으로서 그 대전제
가 되어줄 수 있는 철학을 말한다. 철학자처럼 이론적으로 깊이
알지는 못하지만 **자기 나름대로 갖고 있는 인생의 대전제에 기반하
여 '사고'하고 '행동'을 하게 되는 경우의 그런 소신이나 사고방식과 같
은 것을 말한다.**

요컨대 우리는 심오한 학문적인 이론은 없지만 일상생활에서
각종 행동양식의 선택에 영향을 주게 되는 어떤 행동의 지침이나
대전제를 가지고 살고 있다.

예컨대 어떤 사람은 궁극적으로 존재하는 것은 '신神'이라 하
고, 어떤 사람은 궁극적으로 존재하는 것은 '무nothingness(abhāva)'
라고 하며, 또 어떤 사람은 신도 아니며 무도 아니고, 궁극적으

로 존재하는 것은 구체적으로 오감을 통하여 인식할 수 있는 '경험經驗'의 세계라고 주장하기도 한다.

그러나 이렇듯 인생의 대전제(철학)는 사람마다 다르다고 해서 우리는 이를 믿을 만한 것이 못 된다고 하여 외면하거나 경멸할 수는 없다. 만약에 자기 나름대로 생활의 대전제가 없이 산다고 한다면 가치의 선택이나 판단의 기준도 없기 때문에 혼란과 방황 때문에 인생의 깊은 뜻도 찾을 수가 없을 뿐더러 매우 힘든 인생을 살게 될 것이다.

생각해 보면 우리가 어떤 문제에 대해서 해석·판단하고 결론을 내릴 수 있는 것도 인생의 대전제인 철학을 가지고 있기 때문이다.

그러나 인생의 대전제가 보편타당한 것이 못되고 비합리적이며 비현실적인 것일 때에는 똑같은 문제·사건에 대한 인식과 해석이 잘못되어 불행을 자초할 수도 있고 절망의 늪에 빠질 수도 있다.

우리가 인생의 대전제가 되는 철학이 없다고 한다면 우리는 인생의 방향을 선택하고 인생을 어떻게 살 것인가를 결단할 때 우유부단한 나머지 심한 갈등 속에서 방황하게 될 것이다.

예컨대 어린이를 키우고 있는 부모에게 나름대로의 교육철학이 없다면 변덕스러운 어린이로 키우고 말거나 강박적이고 신경증적인 어린이를 키울 수도 있을 것이다. 또는 회사를 경영하는 사장에게 경영철학이 없다면 그 밑에 있는 사원은 만성적인 불안감에 시달리게 될 것이며 집단 응집도는 떨어지고 능률도 저하되고 말 것이다.

더욱이 젊은이에게 인생의 목적과 철학이 없다면 어떤 인생을 선택하면 좋은가에 대한 결단을 내릴 수가 없어서 인생을 하는 일 없이 빈둥빈둥 놀면서 허송하게 되는 모라토리엄 인간으로부터 벗어날 수가 없을 것이다. 참으로 삶의 지침으로서의 철학은 인생의 나침반이며 삶의 멘토이자 가이드이기도 하다.

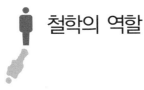 철학의 역할

사람이 산다고 하는 것은 외적인 자극에 대해서 충동적으로 반응하고 기계적으로 사는 것보다는 어떤 생각과 소신을 가지고 응답하는 능동적이고 주체적인 존재로 사는 것이어야 할 것이다. 즉, 맹목적이며 충동적으로 살지 않고 사는 의미를 알고 살아가기 위해서는 머리를 써서 살아가야 할 것이다.

때문에 사람이 철학을 갖는다고 하는 것은 삶을 살아가는 가치와 의미와 이치를 알기 위해 사색하는 일이다. 예컨대 '무위진인無爲眞人', '있는 그대로', '지금·여기', '제법무아諸法無我' 등을 개념상으로만 간결하게 알고 넘어가지 않고 왜 무위진인인가? 왜 지금 여기인가? 왜 불변의 실체인 나는 존재하지 않는가?에 대해서 지적으로 탐구하는 생활태도라고 볼 수 있다. 뿐만 아니라 여기에 구체적인 체험을 통해서 말의 참 뜻을 증득證得한다면 더욱 바람직한 일이다.

사람이 머리를 써서 지혜롭게 산다는 것은 바로 이와 같은 삶의 태도를 말한다.

그렇다면 인생의 대전제를 의식하면서 우리가 생각해 보아야 할 인생의 중대한 사안은 무엇인가? 그것은 다음 세 가지라고 본다.

첫째는, 인생에서 궁극적으로 존재하는 것은 무엇이라고 생각하고 있는가 이다. 궁극적으로 존재하고 있는 것은 영원불멸의 절대자인가, 아니면 영원불멸의 자연계의 법칙인가, 또는 축조적逐條的인 경험의 세계인가? 혹은 제법諸法이 모두가 공空sunya인가? 이렇듯 사람에게는 매우 다양한 생각이 있고 믿음이 있다. 그렇다면 자신은 지금 어떤 믿음의 생각을 하고 있는지를 알고 있지 않는다면 무엇을 하려고 할 때 자신감도 없고 우유부단에 빠지게 될 것이다.

둘째로, 흔히 '인생이란 ……이다' 라고 무척 자신있게 호언하는 자신이 무엇을 '알고 있다'고 해서 정말 그렇게 안다고 말하고 있는가에 대해서 자문자답할 필요가 있다. 우리가 책을 읽고 나서 안다고 할 경우 그 책에 서술되어 있는 것이 정답이라는 것을 어떻게 알고 있는 것인가, 또는 나의 구체적인 인생 체험을 통해서 알았다면 자신의 체험이 보편타당성을 가졌다고 말할 수가 있는가를 자문자답하지 않으면 안 된다.

예컨대 심리학적인 통계처리를 통해서 발표된 것은 과학적으로 검증된 것이어서 이를 믿게 되었다고 하자. 이 경우에 궁극적으로 존재하고 있는 것이 양적이라고 하는 것을 어떻게 알고 있는지를 생각해 볼 필요가 있다. 인간의 가치관·양심·인생관 등은 심리검사로 측정하고 수량화해서 보편타당한 결론을 내릴 수는 없다. 뿐만 아니라 과학적으로 논증된 진리라 할지라도 그 진리는 잠정적으로만 진리라는 것을 자각하는 지혜도 필요하다.

셋째로, 인생에서 무엇이 선이며 무엇이 악인가를 생각할 필요가 있다. 요컨대 우리가 어떻게 사는 것이 잘 사는 것이며, 무엇은 해야 하고 무엇은 하지 말아야 하는 것인지를 생각하는 일이다. 신의 뜻에 따라서 살아야 한다거나, 의미 있는 목적을 달성하기 위해 봉사해야 한다든가, 자신에게 의미 있는 행동을 하는 것이 선이라고 본다든가, 사람들을 즐겁게 하기 위해 자신을 희생시키고 있는 어린이를 보고 선이 아니라고 보는 등, 사람마다 가치관이 다르다.

그렇다면 나는 어떠한가. 친구가 결혼하기 때문에 나도 결혼한다든가, 친구가 대학에 가기 때문에 나도 대학에 간다고 하는 생활 태도로 살아가는 것이 잘하는 일인가를 자문자답해 보는 것이 필요하다.

요컨대 인생의 대전제가 될 수 있는 자기 나름대로의 가치관을 가지고 있어야 한다. 왜냐하면 가치관은 개인이 갖고 있는 내면화된 가치에 대한 인식과 사고의 틀이며, 어떤 현상을 해석하고 행동을 선택할 때 유용성이나 바람직함과 그 서열을 평가·결정할 때 그 준거가 되기 때문이다.

여기서 중요한 것은 개별적 가치가 보편적 가치를 지향하고 있는가를 검토해 보는 일이다. **인생은 결코 맹목적이거나, 임기응변하여 요령 본위로, 어떤 권위에 영합하는 삶이 아니라 자기철학**(대전제)**을 갖고 살아가지 않으면 안 된다. 요컨대 철학을 갖는다는 것은 가치의 위계질서를 생각한다는 것이며 누구에게 세뇌된 채로 살아서는 안 된다는 것을 의미한다.**

만약 자기가 어떤 집착에 매여서 아무리 벗어나려고 노력해도 벗어날 수가 없을 때는 자신이 지금 어떤 인생의 대전제를 가지고 살고 있는가를 검토하기 바란다.

합리적 정서행동치료법의 인생철학

앞에서 말한 바와 같이, 본 절에서는 번뇌와 불안을 극복하기 위하여 자기는 과연 어떤 삶의 철학의 소유자인가를 자문자답할 때 도움이 되는 알버트 엘리스Albert Ellis(1913-2007)의 합리적 정서행동치료법rational emotive behaviorl therapy(REBT)의 이론을 철학에 대해 소개하고자 한다. 특히 이를 합리적 정서행동치료법적 자기분석rational-emotive behavioral self analysis을 중심으로 소개한다면 다음과 같다.

자기분석은 ABCDE 이론에 근거하여 만들어진 워크 시트를 사용하는 경우가 많다. 목적은 1주간 또는 매일 자신의 비합리

A. Ellis, Retional Emotive Behavior Therapy, New York: Prometheus Books, 2004.

A: activating event-일어난 사실
B: belief-사고·인지·소신

적인 소신이나 왜곡된 사고와 인식을 찾아서 이에 논박해 가는 데 있다. 이러한 합리적 정서행동치료법의 철학의 요점은 다음과 같다.

요점 1 문제·사건Activating event(A) 보다도 받아들이는 태도가 중요하다

사람들의 불안이나 고민이란 발생한 문제 자체로부터 기인하는 것이 아니라 문제와 사건을 어떻게 받아들이며 이를 어떻게 인지하느냐로부터 기인한다.

예컨대, 한 학생이 학점 미달로 졸업이 연기되었다(A). 이 때문에 실의에 빠져 있다(결과consquence,C)고 하자. 이 경우에 이 학생을 이렇게 만든 것은 A가 그렇게 만든 것처럼 보이지만 기실은 그렇지 않다. "대학은 4년에 졸업하지 않으면 안 된다"라든가 "졸업을 4년에 못하는 사람은 인생의 실패자다"라는 잘못된 고정관념belief(B)이 그렇게 만든 것이다.

합리적 정서행동치료법적 자기분석에서 B를 분석할 경우에는 다음과 같은 점을 참작할 필요가 있다.

C: consequence-부정적인 감정, 과잉감정
D: dispute-질문을 걸다
E: effect-효과적이며 합리적인 사고

① 같은 값이면 능숙하게 잘하지 않으면 안 된다.

② 거기서 실패한다는 것은 나의 큰 수치다.

③ 높은 사람에게는 인정받지 않으면 안 된다.

④ 거절당하는 것은 내가 사랑받고 있지 않다는 증거다.

⑤ 사람들은 내가 희망하는 것을 주지 않으면 안 되며, 내게는 공평하여야 한다.

⑥ 상식을 분별할 줄 모르는 사람은 용서가 안 된다.

⑦ 사람들은 나의 기대에 부응하여야 한다.

그러나 한 학기 더 다니는 동안에 영어회화공부를 열심히 해서 부족한 실력을 보완하게 되고 전공분야의 실력을 그만큼 튼튼하게 할 수 있는 좋은 기회라고 생각한다면 졸업이 한 학기 또는 일 년 연기된 것에 대해서 자기 인생의 실패자가 된 것처럼 실의에 빠져서 고민할 필요도 없을 것이다.

이 경우에 합리적 정서행동치료법은 사실에 근거를 두고 있지 않는 신념이나 논리성이 결여된 비합리적인 신념을 매우 중요시한다. 왜냐하면 REBT의 최대 관심사는 '비합리적 사고'를 '합리적 사고'로 변화시키는 데 있기 때문이다.

이런 점에서 REBT는 A(사건·사실) 그 자체가 C(결과, 불안·고민·과잉감정)을 낳게 되는 것이 아니라 B(인지·고정관념·수용태도)가 C의 근원이라고 본다. 요컨대 이 이론은 인생에서 궁극적으로 존재하는 것은 각자가 문제를 받아들이는 정신적인 태도attitude나 태도군clusters of attitude의 세계만이 있을 뿐이라는 철학에 근거하고 있다. 요컨대 REBT는 이와 같은 현상학phenomenology이라는 철학에 근거하고 있으며 때문에 현상학적 자기phenomenological self를 중시한다. 이 밖에도 아론 백Aaron Beck(1921~)에 의해서 구안된 인지치료cognitive therapy(CT)는 REBT와 유사한 데가 있으나 CT는 불안이나 우울증의 원인을 REBT보다 더 다양한 인지적 왜곡현상에 돌리

현상학은 헤겔Hegel, 후설Husserl, 하이데거Heidegger 등에 의해서 형성된 인식론이다. 변화가 끊임없는 형상이 아니라 변화가 없는 본질에 대한 탐구를 통해서 절대 확실한 지식을 얻고자 하는 것이 주안점이다. 헤겔의 정신현상학의 경우, 정신은 자기 자신을 현현하고 현상하며, 현상함이 없는 정신은 정신이 아니며 정신이 감성적 경험으로부터 초감성적 절대지絶對知에 이르기까지의 과정을 설명하고 있다. 후설의 현상학은 애매한 기성개념이나 근거 박약한 선입관을 불식하고 의식에 직접 직시되는 사실의 현상을 통해서 사실의 본질파악을 중시한다. 이점에서 후설의 현상학적 인식론은 일상적인 우연적 현상보다 근원적 현상으로서의 사실의 본질에 이르는 과정을 안내하는 인식론이다.
이 문맥에서는 이성적인 반성을 통하지 않고 개인이 체험하는 사실 그대로와 본대로의 '현상학적 세계'를 강조한다. 즉 형이상학적 사변을 배격하고 사상事象을 있는 그대로 직시하고 존재자의 존재와 의미를 중시한다. 예컨대 열심히 일하는 사람의 1시간과 할 일 없이 보내는 1시간은 체험되는 시간의 의미와 길이가 다를 것이며, 밤길도 담이 큰 사람은 아름다운 갈대밭도 소심한 사람에게는 유령으로 보이는 경우와 같다. 이렇듯 제3자가 이성적으로 보면 동일한 의미의 세계도 개개인의 성격·기질·능력·경험 등의 특성차이에 따라서 전혀 다른 대상으로서 체험된다. 때문에 카운슬링에서는 내담자에 의해서 체험되는 세계를 카운슬러가 있는 사실 그대로를 포착하여 내담자의 체험세계의 의미를 이해하기 위하여 노력하는 것이 중요하다.

A. Beck, *Cognitive therapy and the emotional disorders*, New York:Merdian, 1976.

고 있다(예: 극단적 사고·결과에 대한 과장된 예견, 잘못된 귀인, 부정적 사고방식, 편파적인 인식, 기타 생물학적 요인 등). 또한 인간의 병리적(신경적) 행동을 잘못 학습된 사고방식·이미지·기억 등에서 기인한다고 생각한다. 이와 같이 굴절된 인지양식이 고착되고 습관화 되면 자기를 부정적으로 보게 되고 현실을 비현실적으로 받아들여 편향된 행동을 보이게 된다.

그러나 차이가 있다면 REBT는 불안의 원인을 몇 가지 비합리적인 사고와 삐뚤어진 신념을 들고 있는데 비해서 CT는 다양한 인지적 왜곡 현상으로 보고 있다. 또한 REBT는 인지변화를 일으키는 방법으로서 논리적인 논쟁dispute을 많이 사용하는 데 비해서 CT는 행동실험과 체험의 결과를 통해서 잘못된 신념·사고·인식에 변화가 일어나도록 한다는 데 차이가 있다.

앞에서 REBT는 현상학에 이론적 근거를 두고 있다는 것을 말하였거니와, 그러나 현상학적 세계만이 궁극적 존재라고 단정하지는 않는다. 왜냐하면 인생에서 객관적 '사실의 세계'와 '논리적 세계'는 주관적인 '현상학적 세계'와 더불어 없어서는 안 될 조건이라고 보기 때문이다. 실재實在하는 것이 하나여야만 된다는 법칙은 없다. 상담이론에도 절충적 이론이 있는 것처럼 철학에서도 절충주의가 필요하다. 때문에 나는 앞에서 말한 '사실·논리·현상학적 세계'는 똑같이 필요한 조건이라고 생각한다.

우리는 동일한 문제(A)에 직면해도 사람마다 각각 다른 현상학적 세계를 가지고 있기 때문에 현상학적 세계(B)도 사람의 수만큼도 각양각색이다. 때문에 C도 각양각색이다. 여기서 중요한 의미를 갖고 있는 것은 B(사고·믿음·받아들이는 태도)가 C(감정·불안·고민)의 원인이 되고 있다는 점이다. 그리고 각자의 B는 어느 것이나 후천적으로 경험을 통해서 학습된 것이고 세뇌되어 몸에 배어 있다는 점이다.

요컨대 B는 가족·학교·교우관계나 사회문화의 영향을 받아서 내면화되고 세뇌된 것이다. 본인에게는 금과옥조 같은 소신이며 영원한 진리처럼 생각하지만 그 대부분은 세뇌된 것이다. 때문에 REBT는 사실성과 논리성이 부족한 B를 절대적인 진리로 잘못 인식하고 있을 경우 자신을 역세뇌counter brain-washing 또는 자기설득self persuasion을 통하여 B를 변화시키는 것에다 역점을 둔다.

이렇듯 B를 변화시켜 C를 변화시키려면 다음과 같은 점을 점검하지 않으면 안 된다. 왜냐하면 희노애락 감정의 세계 즉, C도 B의 결과이기 때문이다. 예컨대 이혼해서는 안 된다, 이혼은 잘한 일이 아니다 라는 B를 가지고 있는 사람은 왠지 모르게 자신을 한심스럽게(C) 생각하게 되는 경우다. 이렇듯 B가 C의 원인이 되고 있는 것이다. 때문에 B를 바꾸게 되면 C가 변하게 된다. 다음의 요점 2는 바로 이 B를 바꾸는 방법에 대한 설명이다.

요점 2 잘못된 사고가 고민의 근원

우리는 흔히 인간의 속성으로 '이성理性'을 들기도 하지만, 이 또한 사물의 이치를 생각하고 논리적이며 개념적인 사유의 능력을 가지고 있기 때문에 가능하다. 기실, 인간을 자연의 일부라는 점에서 보면 갈대와 같이 한없이 약한 존재이지만 그러나 복잡 다양한 차원 높은 정신활동인 사고력을 가지고 있기에 인간의 탄생을 축복하고 존귀하게 보는 것이다.

파스칼Blaise Pascal이 그의 유고집 『광세Pensées(1670)』에서 '인간은 생각하는 갈대다Man is a thinking reed(un roseau pensant)'라는 유명한 아포리즘을 남겼지만, 실로 인간의 위대성은 사유에 있으며 올바르게 살기 위해서는 지식만으로는 부족하며 올바르게 사고하는 것이 필요하다

이토록 중요한 의미를 갖는 사고는 또한 감정의 근원이기도 하다. 요컨대 감정도 사고의 산물이다. 또한 사고는 의식의 한 과정이라는 시각에서 볼 때 마음속에 펼쳐지는 문장서술과도 같다. 때문에 어떤 고민이 있을 때는 고민의 원인이 되고 있는 잘못된 사고나 왜곡된 인식과 관념(B 문장서술)을 먼저 발견하지 않으면 안 된다.

사람들은 흔히 사고유형의 사람과 감정유형의 사람이라는 언어의 개념분류 때문에 사고와 감정은 서로 독립된 관계에 있는 것처럼 착

각하기 쉽다. 그러나 그렇지 않다. 슬픔·절망·우울·악감정과 같은 감정(ⓒ)도 본인은 자기 마음속에 서술된 문장을 확실하게 의식하고 있지는 않지만 마음속으로는 이를 적극적으로 바라고 있기 때문에 어두운 감정의 문장을 서술하게 된다.

예컨대 지나친 자기우월감에 빠져있는 한 중년 남성의 경우, '나는 이 분야에서는 누구 못지않은 전문가'라는 잘못된 내면의 문장서술 때문에 이를 인정해 주지 않는다고 기분 나쁘게 생각하여 악감정을 갖게 되는 것도 감정은 사고의 사물이라는 것을 이해할 수가 있다.

그러나 잘못된 마음속의 문장서술을 정면으로 직면하여 자기설득에 의해서 비합리적인 신념을 합리적 신념으로 변화시키게 되면 악감정이나 과잉감정도 사라지게 될 것이다.

이 경우에 내면의 문장서술이란 의식과 무의식의 중간인 잠재의식(또는 전의식preconscious)에 숨어 있기 때문에 정신분석의 무의식의 의식화 작업처럼 무의식계를 꿈 분석으로 탐색할 만큼 그렇게 어렵고 큰일은 아니다. 왜냐하면 전의식에 있는 문장서술은 무의식에 있는 것보다 비교적 상기하기 쉽기 때문이다.

그러나 감정이 일어날 때마다 전의식에 잠재하고 있는 문장서술을 일일이 상기할 필요는 없다. 예컨대 아름다운 음악선율에 심취되어 있을 경우라면 내면에 서술된 문장을 다시 생각해 낼 필요는 없다. 감사하는 마음, 행복한 마음이 절정에 달하여 보다 높은 차원의 정신세계를 향한 망아忘我의 경지나 자기초월성을 체험하게 된다면 더 없이 가치 있는 일이다.

그러나 자기를 불행하게 만드는 어두운 감정이 덮쳤을 때는 자기가 어떤 문장서술에 의해 지배되고 있는가를 발견하지 않으면 안 된다. 만약에 자기를 불행하게 하는 감정의 원인이 되고 있는 사고, 즉 마음속에 서술되고 있는 문장을 발견했다면 그 문장의 어느 부분이 잘못되어 있는가를 검토하고 수정하는 작업에 들어가지 않으면 안 된다. 이것도 자기설득의 전단계의 하나다.

다음은 이 검토작업을 할 경우에 유의해야 할 두 가지 체크 포인트에 대한 설명이다.

요점 3 사실과 논리성을 갖는 소신

자기 소신을 뒷받침해 줄 수 있는 근거가 무엇이 있는지를 자문자답하는 것은 자신을 불행하게 만드는 사고와 감정을 검토·수정하기 위해서 필수적인 작업이다. 여기서 근거에 대한 검토란 ① 자기 소신이 사실에 근거하고 있는가 ② 자기 소신이 논리적 필연성을 갖고 있는가를 검토하라는 의미이다.

앞에서 B(소신)를 변화시키려면 자신의 생각을 검토하는 일이 필요하다고 하였거니와, 그렇다면 무엇을 검토할 것인가. 여기에는 두 가지 점에 착안하지 않으면 안 된다.

그중의 하나는 자기가 생각하고 있는 관점이 적절하다고 말할 정도로 사실과 일치하고 있는가다.

예컨대 '교사는 노동자'라고 하는 신념(직업의식)을 가지고 있는 교사의 경우, 초과수당도 없는 야간근무까지 하는 것에 대해서 비판적이며 노동법에 저촉된다고 불만을 토로한다고 하자. 이 경우에 교사는 노동자라고 하는 신념을 뒷받쳐 줄 수 있는 사실이 현실적으로 어느 정도인가를 검토했을 경우 그렇게 생각하는 사람들이 그렇게 많지 않다는 것을 알았다고 하자.

이 경우에 자기설득을 다음과 같이 해볼 수가 있다. 교사는 의사와 같이 전문직에 종사하고 있는 사람으로서 범속직occupation에 종사하고 있는 사람보다는 신성한 교육의 소명calling에 따르지 않으면 안 되는 성직vocation에 봉사하고 있는 사람이기 때문에 노동법에 따른 임금의 대가를 바라고 일하는 사람과는 다르다. 이와 같은 점에서 '교사는 노동자다'라고 하는 신념(B)은 잘못된 인식이라고 자기설득을 함으로서 자신의 비합리적 신념irrational belief을 변화시킬 수가 있을 것이다.

이렇듯 우리는 극단적인 결과의 예견·극단적 사고·잘못된 귀인·잘못된 편견이나 고정관념·부정적 사고방식 등으로 인하여 자신은 물론 남까지도 불행하게 만들 때가 많다. 참으로 어리석고 무의미한 소신이다. 이와 같은 점에서 자신의 신념이나 사고방식(B)이 과연 현실적인 사실에 합당한가를 검토해 보는 것은 불행을 예방하는 데 있어서 매우 의미 있고 중요한 일이다.

　흔히 사람들 가운데는 겉으로 보아서는 친절하고 상냥하게 보인다. 또한 노력하며 도전적인 사람으로 보인다는 등 감각적인 인상의 느낌의 표현을 많이 쓰는 것을 볼 수가 있다. **이런 인상중심의 표현은 객관적인 사실의 전달처럼 들리지만 이는 사실과 논리성에 근거한 것이 아니고 단순히 자기주관적인 기분이나 감각을 통해서 받아들여진 하나의 인상이나 느낌의 표면에 지나지 않다.** 혹자는 단순히 감각적인 필링을 통해서 얻은 것을 객관적 사실의 표현처럼 생각하는데 이는 매우 위험하고 어리석은 판단이다. 어디까지나 필링은 필링이다.

　사실에 근거하지 않은 소신을 인생의 금과옥조로 삼지는 말아야 한다. 이는 하나의 취향에 지나지 않기 때문이다. 예컨대 '백합꽃은 아름답다'고 하는 경우와 같이 말하는 자기가 아름답게 느끼고 있다는 것뿐이지 남은 그렇게 생각하지 않을 수도 있다는 주관적인 느낌의 문제를 마치 영원한 진리처럼 말하는 것은 무의미하다.

　요컨대 우리가 어떤 고민과 불안에 눌려있을 때 그 속에 잠재하고 있는 왜곡된 소신을 발견하고 자기 소신을 뒷받침해 줄 수 있는 사실적 근거 유무를 검토하여야 한다.

두번째로 검토해야 할 점은 자기 소신이 '논리적 필연성'을 가지고 있는가 없는가다.

예컨대 무슨 일에 실패했을 경우, 나는 실업자가 되었다. 때문에 내 인생은 이것으로 끝장이다라고 하는 부정적인 자기개념이나 절망적이며 도피적인 인생관을 갖는 경우가 있다. 이 경우에 실업자가 되었다고 하는 내면의 문장과 이것으로 내 인생은 끝장이다라고 하는 내면의 문장이 논리적으로 반드시 연결되지 않으면 안 될 필연성이 있는가를 자문하지 않으면 안 된다는 것이다.

이 경우에 어떤 까닭이나 원인의 의미를 갖는 '**때문에**'라는 접속사 다음에 어떤 생각이 따르는가가 중요하다.

'실업자가 되었다. 때문에 실업자 기초생활보조비로 생활하자.'
'실업자가 되었다. 때문에 다른 직업을 찾아보자.'
'실업자가 되었다. 때문에 이 기회에 좀 휴식을 취해 보자.'
'실업자가 되었다. 때문에 아버지의 가업을 승계해 보자.'

이렇듯 '때문에'의 다음에 이어지는 문장은 사람에 따라 여러 가지가 있을 수가 있다. 그런데 하필이면 절망적이고 비참한 생각을 선택하여 그것이 최선의 방법이며 인생의 진리인 것처럼 결심하는 경우다. 그러나 이런 결심은 현실도피적이며 건설적인 결심은 아니다. 요컨대 비합리적인 잘못된 판단이다.

인과관계란 의외로 단순한 것이 아니기 때문에 이런 결심을 하기 전에 잠시 생각을 돌려 정말로 자신의 선택이 합리적이며 최선의 결정인지를 자문자답할 필요가 있다. 정신분석의 해석도 분석자에 따라서 여러 가지며 꿈보다 해몽이 중요한 것처럼 성급하게 결론을 내리기 앞서 잠시 마음의 안정을 찾아서 다시 한번 자기설득의 마음의 여유를 가질 필요가 있다.

이 경우에 중요한 것은 자기 내면의 문장서술이 합리적 신념인가 비합리적인 신념인가를 검토하는 일이다. 이 검토에 있어서 그 기준은 다음과 같다.

① 사실에 근거하고 있는가.

② 논리적 필연성을 가지고 있는가.

그렇다면 '사실'에 근거하지 않는 신념이나 논리성이 없는 신념은 모두가 비합리적이라고 볼 수 있는가. 그것은 아니다. 다음에서 이 점에 대해 생각해 보자.

요점 4 인생을 행복하게 하는 신념

우리가 살고 있는 현실 속에는 사실에 합당하지도 않고 논리성도 희박한 문장서술이지만 사람을 행복하게 하는 경우도 많이 있다. 이런 경우에 우리는 이를 비합리적이라고 가볍게 웃어넘길 문제는 아니라고 본다. 다음과 같은 경우를 생각해 보자.

예컨대 죽음의 그림자가 드리운 험한 골짜기를 걸어간다 하여도 나 어떤 재난도 두려워하지 않으리. 하느님은 항상 나와 더불어 계신다라고 하는 독실한 신앙심은 객관적인 사실에 근거한 것은 아니다. 왜냐하면 하느님이 나와 더불어 계신다고 하는 것은 그 증거를 보이며 설명할 수 있는 일은 아니기 때문이다. **이런 시각에서 말하는 진리는 '사실'로서의 진리이며 가치의 '판단'으로서의 진리는 아닌 것이다.**

예컨대 동정녀 마리아를 통한 그리스도의 탄생이라는 모티프가 있다고 할 때 융 심리학의 시각에서는 그러한 관념이 있다는 심적인 '사실'에 관심을 가질 뿐이며, 이러한 관념이 어떤 의미에서 진실이며 거짓이냐에 대해서는 전혀 문제삼지 않는 경우와 같다.

융Carl Jung이 영국의 BBC 기자와의 인터뷰에서 "선생님은 신을 믿습니까?"라는 질문에서 "나는 신을 믿지는 않는다. 다만 신이 있다는 것을 알고 있다"고 말했다고 한다. 그러기에 그는 생존 시 그의 집 현관 문 위에 걸려있는 라틴어로 각명된 **"부름을 받았든 받지 않았든 신은 그곳에 실재한다**VOCATUS ATQUE NON VOCATUS DEUS ADERIT"라는 글귀는 융의 종교와 신에 대한 생각을 너무나도 잘 나타내주고 있는 사례라고 본다.

이렇듯 진위보다도 믿음의 '심리적 현실(성)psychic reality'인 독실한 신앙(B)에 의해서 어떤 두려움이나 수난을 극복함으로써 행복해질 수가 있기 때문에 우리는 이것을 바람직한 신념이라고 말하지 않을 수가 없다.

이러한 사고방식은 다분히 실용주의적인 해석의 관점이 스며 있다고 보기 쉽다. 이를 '논리실증주의'의 철학적 관점에서 본다면 '사실'과 '논리'야말로 합리적인 것이며, 그렇지 못한 것은 비합리적인 것이라고 단정할 수가 있을 것이다. 그러나 논리실증주의의 철학을 무조건 따를 이유는 없다. 사람마다 철학은 다르기 때문에 논리실증주의로부터 배울 만한 것을 배우면 되는 것이다.

우리가 인생을 행복하고 지혜롭게 살아가는 데에는 실증적이고 합리적인 원칙만이 필요한 것은 아니다. 특히 우리가 '무엇에 대해서 믿는다'고 하는 '가치적 명제'에 있어서는 더욱 그러하다. 가치적 명제는 '실제實在'를 따지는 과학적 명제가 아니라 각자가 '무엇을 믿는다'고 하는 관념의 자유의 문제이며 과학이 여기에 관여할 문제는 아니라고 본다.

예컨대 임종을 앞두고 있는 사람의 경우를 생각해 보자. 이 사람은 평소의 신앙생활을 통해서 터득한 '죽음은 끝이 아니라 새로운 시작이다' 또는 사람은 그동안 자기가 지은 '업karma'에 의하여 다른 생을 받아 무시무종의 생사를 반복한다는 윤회samsara를 믿고 마음 편안하게 임종을 맞았다고 한다면 우리는 이를 비과학적이어서 잘못된 죽음이라고 말할 수는 없을 것이다.

이렇듯 우리가 무엇을 믿을 것인가 말 것인가를 결정할 경우에 그 증거를 생각하기 보다는 '믿음이 가져다주는 결과의 유효성'을 생각하는 쪽이 더 바람직한 경우도 있다. **요컨대 보이는 것만 믿으려고 할 것이 아니라 '위대한 보이지 않는 것**a great the unseen'**도 볼 줄 알고 인정할 줄 알아야 할 것**이다.

우리는 지금 21세기의 최첨단의 과학 문명 속에서 살고 있지만 아직도 곳곳에서 비과학적·비합리적이며 주술적인 생활문화를 받아들이면서 살고 있는 것은 무엇 때문인가. 러시아에서는 우주선을 타기 전에 우주비행사들이 우주선 발사기지에 올 때 타고 왔던 차의 타이어에 오줌을 누는 매우 이색적인 주술적 관습이 있다고 한다. 그래야만이 마음이 편안해지고 성공할 수가 있고 행복해진다고 믿기 때문이다.

또한 인간에게는 객관적이고 사실에 근거한 지각이라 할지라도 지각의 대상에 따라서는 객관적 사실대로 인지하지 못하고 오류를 범하는 착각의 약점도 있다는 것을 이해할 필요가 있다. 뿐만 아니라 사람마다 갖는 인생의 신념도 각각 다르기 때문에 사람마다 갖는 소신이나 사고가 반드시 논리실증주의의 철학에 전적으로 따르지 않으면 안 된다고 주장할 수도 없다.

요컨대 행복한 인생을 가져다주는 것이라면 다소 '객관적 사실'과 '논리'가 부족한 데가 있어도 **'심리적 현실성'**을 수용함으로써 인생을 행복하게 하는 자기초월적인 소신이나 신앙과 같은 것도 인생 문제의 해결에 도움이 된다.

지금까지 불안과 고민 속에 잠재하고 있는 비합리적인 사고(마음에 서술된 문장)를 발견하여, 이를 합리적인 사고로 바꾸는 것이 불안과 고민으로부터 벗어날 수 있는 방법이라는 것에 대해서 생각해 보았다. 그리고 합리적인 사고(문장서술)인지의 여부를 검토하기 위해서는 마음속에 서술되어 있는 문장이 ① 사실에 근거하고 있는가 ② 논리성을 가지고 있는가 ③ 사람을 행복하게 할 수 있는가에 대해서 검토하지 않으면 안 된다는 것을 생각해 보았다.

다음은 마음속의 문장서술을 수정할 경우 그 방법에 대해서 두 가지 주의해야 할 점을 설명하려고 한다. 그것이 요점 5다.

요점 5 강직성 일변도의 사고로부터 벗어날 것

첫 번째의 체크 포인트는 사고스타일이 심히 고착되고 굳어진 사고 스타일에 묶여 있는 사람의 경우다. 이런 사람은 어떤 실패나 연기가 조금도 허용되지도 않으며 '하지 않으면 안 된다', '해야만 한다'(should, must, ought to)의 강박관념에 묶이어 번뇌와 불안 속에서 인생을 힘들게 살기 마련이다. 때문에 이런 사람은 현실에도 둔감할 뿐만 아니라 인생의 사실성까지도 무시하고 자기 소망만을 관철시키려고 하는 것이 특징이다.

뿐만 아니라 시대착오적이고 상황에 맞지 않는 사고방식에 매어서 융통성이나 임기응변적인 적응성도 없으며 심할 경우에는 돌다리도 1%의 위험성 때문에 건너가지 못하는 소심하고 완변주의적이다.

예를 들어 생각해 보자.

한가정의 부부관계에 있어서 '아내는 가사와 육아에만 전념하지 않으면 안 된다'라고 하는 고정관념을 가지는 남자가 있다고 하자. 이 때문에 아내는 여기서 벗어난 영역에 대해서는 자기 생각을 전혀 펼칠 수가 없어 심지어 마을의 문화센터에도 자유롭게 갈 수가 없을 뿐만 아니라 가끔 음식을 주문하는 것조차도 기가 죽어 잘 못하고 있다. 이 경우에 아내는 남자의 이런 생각이 시대착오적이라는 것을 생각하고서부터는 이것이 고민의 원인이 된다.

21세기라는 시대적인 생활문화의 추세로 보아 요즘은 가정에서의 부부역할도 종래와는 많이 달라졌다. 상황에 따라서는 남자도 식사준비나 기저귀를 갈아주는 일을 하지 않으면 가정생활을 원만하게 할 수가 없는 시대가 되고 있다. 이러한 현실을 무시하고 시대착오적인 종래의 여필종부의 역할만을 고집한다면 두 사람 모두를 힘들게 하고 불행하게 할 뿐이다. 때문에 남자도 이

제는 현실을 감안하여 종래의 부부역할의 사고방식을 수정함으로서 아내의 고민을 해소시킬 수가 있고 자신의 마음도 편안하게 할 수가 있을 것이다.

비합리적인 사고를 수정할 경우의 **두번째 체크 포인트**는 단정적인 사고다. 이 경우에는 두 가지 점에 유의할 필요가 있다.

첫째로는 너무도 단정적인 생각에 사로잡혀 있는 경우에는 다음과 같은 점을 점검하는 것이 좋다. 즉 한 부분을 보고 나서 전체를 판단하는 '확대해석'을 하는 경우다. 문제를 가지고 있는 사람들 가운데는 이런 식으로 잘못된 착각을 잘못으로 생각하지 않고 '아집我執'에 빠져 그릇된 인식을 관철하려는 경우가 많다.

예컨대 해외여행을 통해 어느 한나라의 몇 사람만을 접촉하고 나서 자기가 받은 인상을 근거로 그 나라 사람들의 국민성을 어떻다고 긍정하거나 부정하는 경우와 같다. 이러한 판단은 '사실'에 부합되지 않는 비합리적인 판단이다. 이와 같이 사실에 맞지 않는 성급한 단정적인 생각은 수정하지 않으면 안 된다.

또는 현재의 자신의 어떤 능력이 부진하다하여 노력해보지도 않고 자신의 미래의 어떤 가능성까지도 부정한 나머지 노력하면 지금의 자신을 더 훌륭하게 변화시킬 수 있는 가능성을 가지고 있음에도 이를 포기하고 영원히 썩히고 마는 경우도 있다. **이와 같이 확대해석이나 속단은 결과적으로는 자신을 위축시키고 불행하**

게 만들게 된다. 이렇게 되면 아마 자신의 인생이 자기에 대해 원망을 크게 하게 될 것이다.

이렇듯 자기 자신의 부분에 대한 주관적인 해석에 지나지 않은 것을 전체의 객관적인 사실처럼 확대해서 판단하는 것도 자신을 불행하게 만드는 한 요인이 될 수도 있다. 이론과 실제를 혼동해서는 안 된다. 예컨대 학업성적이 하위에 속한다고 해서 그 원인을 지능지수가 낮기 때문이라고 해석할 수 있는가? 그럴 경우도 있지만 지능은 높아도 환경적 요인이나 태만 때문에 학업성적이 부진할 수도 있다. 통계학의 이론이 지능이 높으면 학력도 높아질 확률이 높다고 해서 이를 고지식하게 맹신하지 않고 사실에 입각한 사고방식이 필요하다.

둘째로 점검해야 할 점은 해석에 지나지 않는 것을 사실처럼 서술할 위험성이다. 예컨대 아버지가 매달 보내주는 송금을 중지했다고 해서 아버지의 애정이 식어서 라고 해석(추론)했다고 하자. 이와 같은 추론은 사실에 근거한 것처럼 보이지만, 송금을 하지 못한 것은 아버지의 사업이 부진해서 그렇게 될 수도 있는 것이다. '**추론**'이란 주관적 해석이며 아무리 사실에 근거한 추론이라 할지라도 아버지의 사실과는 완전히 같지 않다는 것을 알아야 한다.

우리는 '**실제사실**'에 대한 유효근사치인 개념 모델을 실제사실의 정확한 표현으로 혼동해서는 안 된다. 이 점은 서양의 과학철학이 과학적 사고의 논리적 오류를 지적한 것과 맥을 같이 한다. 개념이 나 이론은 실체사실을 이해할 수 있는 하나의 수단이며 매뉴얼에 지나지 않다. 이 점은 의미론 철학자 **코르지브스키**Korzybsky(1870-1950)가 말한 '**지도와 영토**map and territory'**와의 관계와 같다.** 요컨대 지도는 영토가 아닌데도 지도를 영토로 혼돈해서는 안 된다는 것이다. 이는 마치 식당의 메뉴가 음식이 될 수 없다는 것과 같다. 때문에 객관적이며 과학적인 방법으로 얻어진 결과라고 해서 무조건 단정적으로 해석하는 것은 비합리적이다.

합리적인 신념을 갖고 있는 사람은 단정적인 신념보다는 '……라는 경우도 있다'라든가 '……라면 ……일 확률이 높다'와 같은 개연성probalility을 중시하는 사고방식의 유연성을 가지고 있다.

지금까지 A, B, C이론 가운데서 사고·소신·인식⒝을 수정함으로써 불안과 고뇌로부터 벗어나는 방법을 설명하였다. 그러나 모든 문제가 B의 수정만으로 해결되는 것은 아니다. 때로는 발생한 A 자체를 변화시키는 쪽이 효과적인 경우도 있다. 이 문제에 대해서는 다음에서 설명될 것이다.

Alfred Habdank Skarbek Korzybsky(1879~1950)는 폴란드 태생으로 1940년에 귀화한 미국의 철학자이자 논리학자이다. 의미론 제창론자이며 1938년 시카고의 일반 의미론 연구소Institute of General Semantics의 소장을 역임했다. 대표적인 저서에는 『*Manhood of Humanity*』(1921), 『*Science and Sanity*』(1933) 등이 있다.

요점 6 상황 변화를 위한 노력도 필요

자기 소신만 바꾸게 되면 모든 문제가 해결된다고 믿게 되면 때로는 건강부회하는 잘못을 범하기 쉽다. 발생한 사건과 문제 사태는 그대로 두고 사고와 신념만을 바꾸는 방법은 경우에 따라서는 일시적인 처방밖에 되지 않는 경우도 있다.

예컨대 영어회화가 잘 안 되는 사람의 경우, "반드시 영어로 말해야 한다는 법은 없다. 통역을 비서로 쓸 수 있는 방법도 있다"라고 생각을 바꾸는 방법도 좋지만 영어회화 학교에 다니는 것도 좋은 방법이 될 수 있다. 만약 사고방식을 바꾸기만 하면 문제해결의 효과적인 수단이 된다고 단정해 버리게 되면 문제와의 대결을 피하고 손쉬운 도피수단을 찾게 되어 더 소극적인 게으른 사람을 만들고 마는 문제점도 있다.

왜냐하면, 구체적으로 행동을 하는 것이 번거로워서 마음속으로만 생각을 바꾸려는 것은 물리적으로 좀 편한 문제해결을 할 수 있다는 점에서 하나의 도피수단을 조장할 수 있기 때문이다. '합리적 정서행동치료법'의 장점은 사고방식이나 수용태도 즉, 인지를 바꿀 뿐만 아니라 행동 그 자체를 바꾸는 행동치료법의 발상도 이용되고 있다는 점이다. 이런 점에서 합리적 정서행동치료법은 **인지행동치료법**cognitive behavior therapy의 대표적인 예가 되고 있다.

예를 들면 다음과 같다.

한 젊은 남성 방송인은 TV방송국 좌담회 프로에 참석하고 나서 택시 안에서 불만스러운 감정을 토로하는 것이었다. 사연인즉, 한나절이나 써서 겨우 15초 정도밖에 발언을 못한 것 때문에 몹시도 기분이 안 좋은 감정 상태를 토로하는 것이었다. 다른 사람은 막힘없이 말도 잘하는데 자신은 재치 있게 끼어들어 말을 할 수 있는 감이 잡히지도 않았을 뿐만 아니라 초조해지기만 하고 말이 안 나오는 자신이 비참해졌다는 것이다. 시간이 끝나기 직전에 사회자가 말할 수 있는 계기를 만들어 주었기 때문에 겨우 한 마디 말한 것이 전부였다는 것이다. 이런 경우의 심정은 충분히 이해할 만하다.

이와 같은 경우, 예컨대 '나는 TV에 출연 안 해도 살아갈 수 있다', 'TV에서 말을 잘 못한다고 해서 인생이 다 끝나는 것은 아니다', 'TV에서 유창하게 말한다는 것보다 더 좋은 일이 없는 것은 아니다'와 같이 자신을 위로하는 쪽으로 생각을 돌리는 것은 고민하고 비관하는 것보다는 나을 듯하지만 그러나 이 방법은 일시적으로 자기를 위안하고 안심시키는 효과는 있지만 반면에 점점 자신을 유약한 사람으로 만들고 만다는 단점도 있다.

그러나 이와는 달리 능동적으로 다음과 같이 생각할 수도 있다. '내가 TV에 출연해서 말을 잘할 수 있을 때까지 전문가의 스피치 훈련을 받으면 된다. 이렇게 해서 말을 잘할 수 있게 되기 전까지는 TV에 출연하지 않겠다'라고.

이와 같은 사례도 흔히 있을 수가 있다.

대학입시에 실패했을 경우, '대학에 반드시 가야 한다는 법은 없다', '대학진학과 행복은 별개의 문제다'라고 생각을 바꾼다든가, 또는 운전면허 시험에 실패했을 경우, '운전면허증이 없다고 해서 생활할 수 없는 것은 아니다. 돈만 많이 있으면 된다'라고 생각을 바꿔 기분을 전환시키려고 하는 것은 패자의 도피적인 합리화에 지나지 않다.

이보다는 어떻게 하면 입시에 합격할 수 있는가에 대해서 두뇌를 짜내는 것이 보다 의미 있고 효과적이다.

이렇듯 때로는 상황(A)을 바꾸기 위한 전략을 짜는 것이 현명한 방법이다. 왜냐하면 이 방법은 문제해결을 위한 적극적이며 생산적인 태도이기 때문이다.

여기서 알버트 엘리스의 상담사례를 들어 설명한다면 다음과 같다.

엘리베이터 공포증을 가진 한 내담자의 치료에서 엘리스는 '하루에 20회 엘리베이터를 타도록 하고, 이런 행동을 30일 계속하시오'라는 인지행동치료법으로 A(activating event 엘리베이터가 무서워 탈 수 없다고 하는 사건)를 바꾸려고 하였다. 이 방법은 **탈조건화**decondtiong의 이론을 응용하여, 공포반응과 상반되는 이완이나 쾌감정서를

점진적으로 공포 대신 체험하도록 한 **월피**Joseph Wolpe**의 둔감화법**
desensitization과도 관계가 있는 치료법이다. 그 결과 엘리베이터가
처음에 생각했던 것처럼은 무섭지 않게 되었다.

즉, 공포를 가장 적게 일으키는 자극에서부터 가장 심하게 일
으키는 자극에 이르는 여러 단계의 자극을 순차적으로 준비해
놓고 가장 약한 자극부터 환자에게 주고 이를 공포 없이 견디게
되면 차례로 강한 자극을 줌으로써 공포에 대한 감수성을 둔감
시키는 점진적 이완치료progressive relaxation therapy를 이용한 것이다.
이렇듯 A(엘리베이터에 대한 공포사건)를 바꾸려고 노력을 하는 동안에
B(믿음)가 변화되면 C(감정·엘리베이터 공포)도 변화된다는 것이다.

인지치료법과 우울증

왜곡된 인지와 비관적 사고

인간의 잘못된 병리적 행동이나 신경증적인 행동은 비뚤어진 학습에 의한 잘못된 사고방식·이미지·기억에 기인하고 있는 경우가 많다. 우리가 무엇을 '학습'한다고 하는 것은 그 사람의 인지력(지식·이해력·응용력·분석력·통합력·판단력 등)을 통해서 없었던 새로운 것을 획득하기도 하지만 동시에 획득한 것을 더욱 발전시키기도 한다.

이렇듯 중요한 의미를 갖는 '인지cognition'가 보편타당한 것이 못되고 잘못된 인지가 고정화(습관화)되면 자기를 부정적으로 생각하거나 환경을 비현실적으로 생각하여 편향적인 사고와 행동을 하게 된다. 이 경우에 인지치료cognitive therapy는 굴절되고 비뚤어진 사고와 인지를 바꿔줌으로써 잘못된 사고와 행동의 개선을 꾀

하는데 있다.

이런 점에서 인간의 내적인 매개과정을 중시하는 이 '인지치료'와 사고가 행동에 영향을 주는 과정을 중시하는 '인지행동치료'는 매우 밀접한 관련을 맺고 있다. 알고 보면 합리적 정서행동치료법도 인지행동치료법의 대표적인 한 치료법이다. 이 점에 있어서 인지행동치료법의 대표적인 이론가 **도날드 마이켄바움**Donald Meichenbaum의 **자기교시**自己教示**치료**self-instructional therapy는 이를 잘 설명해주고 있다.

예컨대 까마귀가 우는 소리를 듣게 되면 그날 안 좋은 일이 생긴다고 믿는 경우, 인지란 그렇게 생각하고 믿는 사고과정이나 내적인 심적 매개과정을 말한다. 또한 이것이 습관화 되어 내재화된 자신과 환경(대상)에 대해 잘못 생각하고 있는 착각이기도 하

D. Meichenbaum, Cognitive Behavior Modification, Morristown, N.J.: General Learning Press, 1974.

마이켄 바움이 제창한 인지행동치료의 기법을 '자기교시훈련'이라고도 하며, 사고방식을 재구성하고, 새로운 행동방식을 습득시키는 두 가지 점이 인지행동치료의 핵심이다. 구체적으로는 자기변용의 방향·방법과 구체적인 행동방식을 소리를 내서 자신에 타이르며(또는 마음으로부터 염원하게 한다), 임상적으로는 모델이 될 수 있는 사람의 행동을 생각하게 하거나, 자신의 행동결과의 좋은점을 평가시킨다. 이때 셀프 토킹self-talking(내화submerging speech)이 중심개념이 된다. 요컨대 자기와의 대화를 변용시켜(부정적이며 비합리적 사고의 인식을 개선하여 적응적이며 문제해결적인 자기와의 대화로 변용시킴) 사고와 행동을 변용시키는데 있다. 경증의 우울증, 만성적인 분노, 시험공포증 치료에 효과적이다.

다. 까마귀 우는 소리를 이렇게 믿고 있는 미신행동을 조작하여 새로운 인지(자각)를 재구성하여 왜곡된 인지를 변화시켜 바람직한 행동으로의 개선을 돕는 것이 인지치료다.

이런 점에서 인지치료는 제1장의 3에서 서술한 엘리스의 '합리적 정서행동치료'와 유사하며, 차이가 있다면 '합리적 정서행동치료'에서는 불안반응을 몇 가지의 잘못된 인식(절대화된 소신) 내용이나 비합리적 신념 때문에 발생한다고 본 것에 대해서 '인지치료'는 불안반응을 좀더 다양한 인지적 왜곡현상(극단적 사고 결과에 의한 과장된 귀인, 부정적 사고방식, 기타 생물학적 요인 등) 때문에 발생한다고 보는데 차이가 있다.

인지치료의 중심인물로서 널리 알려지고 있는 아론 벡은 사람은 '사고방식'에 의해서 '감정'이 달라지고 그 감정에 따라서 '행동'이 달라진다고 보아, 특히 인지적 왜곡을 우울증상의 전제로 보았다.

즉 인지와 우울은 순환적인 상호작용을 한다고 보았으며, 부정적 인지가 우울을 느끼게 할 뿐만 아니라 우울정서는 다시 자기 자신·세상·미래를 부정적으로 보도록 영향을 주게 된다고 보았다. 이와 같은 이론을 중심으로 아론 벡은 우울증환자의 실패나 좌절과 무력상태를 가져온 사고방식을 바꾸려면 어떻게 하면 효과적인가를 연구한 결과 '인지치료법cognitive therapy(1976)'을 개발해냈다.■

먼저 인지치료의 방법에 앞서 우울증의 판단기준을 소개하면 다음과 같다. ■■

첫번째의 판단 기준은 '사고가 부정적'이라는 점이다. 우울상태에 있을 경우의 사고방식은 정상상태의 사고방식과는 다르다. 자기 자신에 대해서도, 사회에 대해서도, 장래에 대해서도 희망을 갖지 못한다. 뿐만 아니라 우울상태에 있는 사람은 사소한 장애도 넘어설 수가 없는 장애로 보며 때문에 책상 위에 있는 처리해야 서류도 귀찮아 산더미처럼 보여서 극복할 수 없는 장애물로만 보게 된다.

다음 사례는 세계적인 상담치료의 대가 아론 벡이 상담했던 중증 우울상태에 있는 환자가 이웃집 식당의 벽 도배를 하고 나서 작업이 실패했다고 자기 자신에 대해서 부정적으로 생각한 경우다.

치료자   당신은 왜 벽 도배가 성공했다고 생각하지 않습니까?
환 자   꽃무늬가 맞지 않았기 때문입니다.

❚ A. Beck, *Cognitive therapy and the emotional disorders*, New York : Merdian, 1976.

❚ Martin E. P. Seligman, *Learned Optimism : How to change Your Mind and Your Life*, New York : Free Press, 2005, pp.57-59.

치료자 실제로 당신이 이 작업을 완성시켰습니까?

환 자 예, 제가 했습니다.

치료자 당신의 식당입니까?

환 자 아닙니다. 이웃에 사는 사람의 식당 도배를 거들었습니다.

치료자 그렇다면 그 사람이 대부분의 작업을 했습니까?

환 자 아닙니다. 거의 대부분 내가 했습니다. 그 사람은 도배를 해 본 일이 없기 때문에.

치료자 꽃무늬 말고 다른 점에 실패한 점은 없습니까? 이를테면 물을 많이 흘렸다든가, 벽지를 많이 파손시켰다든가 말입니다.

환 자 아닙니다. 꽃무늬가 맞지 않았던 것뿐입니다.

치료자 어느 정도나 빗나갔습니까?

환 자 (손가락으로 3mm 정도의 넓이를 보이면서) 이 정도입니다.

치료자 모든 벽지가 그렇습니까?

환 자 아닙니다. 두 장이나 세 장 정도입니다.

치료가 그렇다면 벽지는 전부 몇 장이었습니까?

환 자 20매나 25매 정도입니다.

치료자 이 밖에도 누가 엇갈린 곳을 발견한 사람이 있습니까?

환 자 없습니다. 실은 주인은 아주 잘 되었다고 말해주었습니다.

치료자 당신은 뒤로 물러나서 벽 전체를 보았을 때 무늬가 맞지 않는 것을 알았습니까?

환 자 아닙니다. 실제는 거의 알 수가 없었습니다.

이렇듯 자기는 무엇을 해도 완전하게 잘 할 수 없다고 생각하기 때문에 잘 발라진 벽지도 실패했다고 본 것이다. **이렇듯 비관적인 설명 스타일은 우울한 사람이 하게 되는 사고의 중심을 차지하게 된다.**

두번째의 단극성 우울증monopolar depression(조躁상태manic state가 없는 우울상태)과 보통 우울상태의 특징은 부정적인 기분을 갖게 된다는 점이다. 우울상태가 되면 맥이 풀리고 갑자기 슬퍼지며 절망의 늪에 빠진 기분을 갖게 된다. 심할 경우에는 아침에 방에서 나오지도 않고 점심 때까지 울기만 해서 눈물도 마른 상태가 될 수도 있다.

우울상태는 하루 종일 계속되는 경우는 드물며 시간에 따라 변화하는 경우가 많다. 통상 잠에서 깨어났을 때가 가장 심하다. 또한, 일어나지도 않고 침대에 누워서 과거의 실패를 상기하며 오늘도 좌절할 것이 틀림없을 것이라는 불안으로 꽉 차 있게 된다. 이런 사람은 침대에 누워있는 한 과거에 있었던 좋지 않았던 생각을 뿌리칠 수 없게 된다.

이렇듯 우울증세를 악화시키는 것은 비관주의만이 아니라 지난날에 안 좋았던 일을 언제까지나 생각해 내는 '반추벽反芻癖 rumination'이라는 것도 임상을 통해서 밝혀지고 있다.▪

아침에 일어나서 그날의 활동을 시작하게 되면 기분은 별로 나쁘지도 않고 평상시의 기분이지만 오후 3시에서부터 6시까지는 BRAC(basic rest and activity cycle 휴양과 활동의 기본 사이클)의 영향 때문에 우울상태로 악화된다. 그러나 밤이 되면 기분은 한층 명랑해지는 경우가 많다. 특히 우울상태의 기분은 슬퍼질 뿐만 아니라 불안과 짜증을 동반할 경우가 많다. 여기서 더 심해질 경우에는 불안이나 증오는 사라지고 무감동·무감각 상태가 된다.

세번째의 특징은 언동이 소극적이고, 우유부단하며 자살을 시도한다는 점이다. 우울증 환자는 좀처럼 무엇을 시작하지를 못하며 시작했다할지라도 어떤 장애에 부딪히게 되면 바로 포기해 버린다. 또한 우울증 환자는 우유부단해서 선택을 제대로 할 수가 없다.

예컨대 전화로 피자를 주문할 경우 프리미엄 피자로 할 것인가 리치골드 피자나 치즈 크러스트 피자로 할 것인가를 묻게 되면 한참 동안 수화기만 보고 있다가 대답을 못하고 15초 동안 침묵 끝

Martin Seligman, *op. cit.*, p.82.

에 전화를 끊어버리게 된다. 이런 사람은 학교숙제를 할 때도 어느 교과목을 먼저 할 것인가 조차도 결정 못하게 된다.

이 밖에도 우울증 환자의 상당수는 자살까지도 생각하며 실제로 이를 시도하기도 한다. 동기는 보통 두 가지며 우울환자에게는 이 가운데서 하나인 경우와 두 가지인 경우가 있다. 즉, 이대로 살아가는 것이 견딜 수가 없기 때문에 모든 것을 끝내고 싶다는 욕망과 또 하나는 애정을 되찾고 싶은 생각, 복수를 하고자 하는 생각, 죽어버린다면 상대에게 반론의 기회를 주지 않아도 된다는 계산이다.

네번째 특징으로 우울증depression은 바람직하지 못한 육체적 증상을 동반할 경우가 많다는 점이다. 우울증상이 심해질수록 식욕·성욕이 감퇴되고 수면에 지장을 주게 된다. 정상인과 비교했을 때 우울증 환자들은 총 수면시간이 짧고, 잠들 때까지의 시간도 길며, 새벽에 잠을 깨며, 자다 깨는 횟수도 많고, 깊은 수면인 '델타 수면delta sleep'이 적으며, 수면 중에 뇌파가 갑자기 각성시의 뇌파 상태로 변하여 뇌파로 본다면 깨어 있어야 함에도 실제는 자고 있는 **렘 수면**REM sleep(역설수면paradoxical sleep이라고도 함. 급속한 안

이 명칭은 수면 중에 뇌파가 갑자기 각성시의 상태에 가깝게 변함과 동시에 머리와 목의 긴장이 풀려서 REM상태가 나타난다는 데서 나온 말이다. 따라서 뇌파로 보아서는 각성상태여야 하지만 실제는 잠을 자고 있는 것이다.

구운동rapid eye movement에 수반하는 수면)까지의 소요시간이 짧다. 때문에 아침 일찍 잠을 깨어 몇 번이고 몸을 뒤척이지만 더 이상 잠을 이루지 못한 채 결국 자명종시계 소리에 깨어 새로운 하루를 피곤하고 우울한 기분으로 시작하지 않으면 안 되게 된다.

이들 네 가지 증상-사고·기분·언동·육제적 반응의 부정적인 상태-이 우울증(단극성 우울증과 보통 우울상태) 진단의 기준이 된다. 그러나 이들 네 가지 증상 전부가 아니라도 또한 특정 증상이 없어도 우울증이 생기는 경우도 있다. 한 가지 분명한 것은 각 증상이 심할수록 우울증일 가능성은 높다는 점이다. 다음에 자신의 우울 정도를 간단하게 알아볼 수 있는 진단도구를 소개한다.

자신의 우울 정도를 진단한다

사람은 누구나 무슨 일에 실패하게 되면 일시적으로 무력상태에 빠지게 된다. 의기소침하고, 미래의 전망도 암담하며, 아무것도 할 수 없게 된다. 그렇지만 사람에 따라서는 불과 수시간이면 이와 같은 무력상태로부터 회복되는 사람이 있는가 하면, 몇 주간이나 지속되는 사람도 있으며, 심한 충격과 패배의 고배를 마셨을 경우에는 수개월도 무력상태에 빠져 있는 사람도 있다.

이 점이 단기간의 의기소침과 일정기간의 우울증의 갈림길이다.

미국정신건강연구소 역학센터의 레노르 라들로프Lenore Radloff
에 의해서 고안된 우울의 정도를 알아볼 수 있는 테스트인 CES-
D(Center for Epidemiological Studies-Depression)는 자신의 우울증의 정도를
진단할 수 있는 도구로서 크게 도움을 주고 있다.

다음은 최근 일주간에 자신이 느낀 것에 가장 가까운 것을 ○
으로 표시하는 테스트이다. 이 검사는 자신이 간단하게 해볼 수
있는 검사로서 넓게 보급되고 있다. 참고하기 바란다.

ibid., pp.59-62.

1   평소에는 걱정되지 않는 것이 걱정되었다.

　　□ 거의, 또는 전혀 그런 일은 없었다.(1일 미만)　　　0

　　□ 조금, 또는 다소 그러했다.(1일~2일)　　　　　　1

　　□ 때때로, 또는 약간 그러했다.(3일~4일)　　　　　2

　　□ 대부분, 또는 계속 그러했다.(5일~7일)　　　　　3

2   식욕이 없었다.

　　□ 거의, 또는 전혀 그런 일은 없었다.(1일 미만)　　　0

　　□ 조금, 또는 다소 그러했다.(1일~2일)　　　　　　1

　　□ 때때로, 또는 약간 그러했다.(3일~4일)　　　　　2

　　□ 대부분, 또는 계속 그러했다.(5일~7일)　　　　　3

3   친구나 가족이 격려해주었지만 기분이 명랑하지 않
　　았다.

　　□ 거의, 또는 전혀 그런 일은 없었다.(1일 미만)　　　0

　　□ 조금, 또는 다소 그리했다.(1일~2일)　　　　　　1

　　□ 때때로, 또는 약간 그러했다.(3일~4일)　　　　　2

　　□ 대부분, 또는 계속 그러했다.(5일~7일)　　　　　3

4   내가 딴 사람보다 뒤져있다는 생각이 들었다.

　　□ 거의, 또는 전혀 그런 일은 없었다.(1일 미만)　　　0

□ 조금, 또는 다소 그러했다.(1일~2일)　　　　　　　1

□ 때때로, 또는 약간 그러했다.(3일~4일)　　　　　2

□ 대부분, 또는 계속 그러했다.(5일~7일)　　　　　3

5　내가 하고 있는 일에 전념할 수가 없었다.

□ 거의, 또는 전혀 그런 일은 없었다.(1일 미만)　　　0

□ 조금, 또는 다소 그러했다.(1일~2일)　　　　　　　1

□ 때때로, 또는 약간 그러했다.(3일~4일)　　　　　2

□ 대부분, 또는 계속 그러했다.(5일~7일)　　　　　3

6　기분이 좋지 않았다.

□ 거의, 또는 전혀 그런 일은 없었다.(1일 미만)　　　0

□ 조금, 또는 다소 그러했다.(1일~2일)　　　　　　　1

□ 때때로, 또는 약간 그러했다.(3일~4일)　　　　　2

□ 대부분, 또는 계속 그러했다.(5일~7일)　　　　　3

7　무엇을 해도 내키지 않으며 무리하고 있다는 느낌이었다.

□ 거의, 또는 전혀 그런 일은 없었다.(1일 미만)　　　0

□ 조금, 또는 다소 그러했다.(1일~2일)　　　　　　　1

□ 때때로, 또는 약간 그러했다.(3일~4일)　　　　　2

□ 대부분, 또는 계속 그러했다.(5일~7일)　　　　　3

8   장래에 대해 희망을 가질 수가 없었다.

    □ 거의, 또는 전혀 그런 일은 없었다.(1일 미만)   0

    □ 조금, 또는 다소 그러했다.(1일~2일)   1

    □ 때때로, 또는 약간 그러했다.(3일~4일)   2

    □ 대부분, 또는 계속 그러했다.(5일~7일)   3

9   내 인생은 실패였다고 생각했다.

    □ 거의, 또는 전혀 그런 일은 없었다.(1일 미만)   0

    □ 조금, 또는 다소 그러했다.(1일~2일)   1

    □ 때때로, 또는 약간 그러했다.(3일~4일)   2

    □ 대부분, 또는 계속 그러했다.(5일~7일)   3

10   말할 수 없는 걱정을 하게 되었다.

    □ 거의, 또는 전혀 그런 일은 없었다.(1일 미만)   0

    □ 조금, 또는 다소 그러했다.(1일~2일)   1

    □ 때때로, 또는 약간 그러했다.(3일~4일)   2

    □ 대부분, 또는 계속 그러했다.(5일~7일)   3

11   잠을 잘 자지 못했다.

    □ 거의, 또는 전혀 그런 일은 없었다.(1일 미만)   0

    □ 조금, 또는 다소 그러했다.(1일~2일)   1

□ 때때로, 또는 약간 그러했다.(3일~4일)　　　　2

□ 대부분, 또는 계속 그러했다.(5일~7일)　　　　3

12　불운한 기분이었다.

　　□ 거의, 또는 전혀 그런 일은 없었다.(1일 미만)　　0

　　□ 조금, 또는 다소 그러했다.(1일~2일)　　　　1

　　□ 때때로, 또는 약간 그러했다.(3일~4일)　　　　2

　　□ 대부분, 또는 계속 그러했다.(5일~7일)　　　　3

13　평소보다 말수가 적어졌다.

　　□ 거의, 또는 전혀 그런 일은 없었다.(1일 미만)　　0

　　□ 조금, 또는 다소 그러했다.(1일~2일)　　　　1

　　□ 때때로, 또는 약간 그러했다.(3일~4일)　　　　2

　　□ 대부분, 또는 계속 그러했다.(5일~7일)　　　　3

14　쓸쓸했다.

　　□ 거의, 또는 전혀 그런 일은 없었다.(1일 미만)　　0

　　□ 조금, 또는 다소 그러했다.(1일~2일)　　　　1

　　□ 때때로, 또는 약간 그러했다.(3일~4일)　　　　2

　　□ 대부분, 또는 계속 그러했다.(5일~7일)　　　　3

15 주위 사람들이 서먹서먹하게 느꼈다.

　　□ 거의, 또는 전혀 그런 일은 없었다.(1일 미만)　　　0

　　□ 조금, 또는 다소 그러했다.(1일~2일)　　　　　　1

　　□ 때때로, 또는 약간 그러했다.(3일~4일)　　　　　2

　　□ 대부분, 또는 계속 그러했다.(5일~7일)　　　　　3

16 보람 없는 인생이었다.

　　□ 거의, 또는 전혀 그런 일은 없었다.(1일 미만)　　　0

　　□ 조금, 또는 다소 그러했다.(1일~2일)　　　　　　1

　　□ 때때로, 또는 약간 그러했다.(3일~4일)　　　　　2

　　□ 대부분, 또는 계속 그러했다.(5일~7일)　　　　　3

17 울고 싶은 기분이 여러 번이었다.

　　□ 거의, 또는 전혀 그런 일은 없었다.(1일 미만)　　　0

　　□ 조금, 또는 다소 그러했다.(1일~2일)　　　　　　1

　　□ 때때로, 또는 약간 그러했다.(3일~4일)　　　　　2

　　□ 대부분, 또는 계속 그러했다.(5일~7일)　　　　　3

18 슬픈 감정이었다.

　　□ 거의, 또는 전혀 그런 일은 없었다.(1일 미만)　　　0

　　□ 조금, 또는 다소 그러했다.(1일~2일)　　　　　　1

□ 때때로, 또는 약간 그러했다.(3일~4일)　　　　2

　　□ 대부분, 또는 계속 그러했다.(5일~7일)　　　3

19　모두가 나를 싫어하고 있다는 것을 느꼈다.

　　□ 거의, 또는 전혀 그런 일은 없었다.(1일 미만)　0

　　□ 조금, 또는 다소 그러했다.(1일~2일)　　　　1

　　□ 때때로, 또는 약간 그러했다.(3일~4일)　　　2

　　□ 대부분, 또는 계속 그러했다.(5일~7일)　　　3

20　기분이 나지 않아 쉽사리 무엇을 시작할 수가 없었다.

　　□ 거의, 또는 전혀 그런 일은 없었다.(1일 미만)　0

　　□ 조금, 또는 다소 그러했다.(1일~2일)　　　　1

　　□ 때때로, 또는 약간 그러했다.(3일~4일)　　　2

　　□ 대부분, 또는 계속 그러했다.(5일~7일)　　　3

채점은 ○를 친 번호를 합계하면 된다. 중복해서 ○를 쳤을 경우에는 날수가 큰 쪽을 취한다. 채점결과는 0에서부터 60 사이가 될 것이다.

채점결과는 해석하기에 앞서 알아두어야 할 것은 높은 점수를 얻었다고 해서 바로 이것으로 우울증에 걸려있다고 진단할 수는 없다는 것이다. 중요한 것은 증상이 어느 정도 지속하느냐에 대해서도 자격 있는 심리학자나 정신과 전문의에 의한 상세한 상담도 하지 않으면 안 된다는 점이다. 이 테스트는 정확히 말해서 현재의 시점에서 알 수 있는 그 사람의 우울 정도를 보여주고 있는 것이라고 보면 된다.

점수가 0에서 9까지일 때는 미국인 성인의 평균치보다 낮으며 이 정도는 우울상태는 아니다. 10에서 15 사이일 때는 가벼운 우울상태이며, 16에서 24일 때는 중간 정도의 우울상태에 있다. 그리고 24를 넘었을 경우는 중증 우울상태일 가능성을 가지고 있다.

만약 점수가 중증 우울상태의 범위에 들어가 있고, 기회만 있으면 자살하고자 생각하고 있는 사람은 즉시 전문가의 상담을 받지 않으면 안 된다. 그리고 중간 정도의 우울증은 2주 후에 다시 한번 테스트를 하여 득점이 만약 여전히 16에서 24의 범위일 때는 전문가의 상담을 받을 필요가 있다.

이밖에도 긍정심리학의 이론으로 널리 알려진 마틴 셀리그만 Martin Seligman은 미국정신과학회에서 정신장애 진단기준으로 만든 『DSM-Ⅲ-R 개정 제3판 편람Diagnostic and Statistical Manual of Mental Disorder, fhird edition revised』(1979)을 사용하여 우울증의 정도를 다음과 같이 진단하였다.

다음은 DSM-Ⅲ의 아홉 가지 진단기준 가운데서 우울증으로 진단할 경우란 최저 다섯 가지에 해당되고 그 증상이 2주 이상 지속될 경우다.

---

1. 마음이 우울하며 그 기분이 매일 나타난다. ☐
2. 평소에 하는 일이 흥미가 없어진다. ☐
3. 식욕이 없어진다. ☐
4. 불면 또는 과면 ☐
5. 정신운동성의 지연: 사고와 행동이 늦다. ☐
6. 피로감·에너지 상실감을 매일 느낀다. ☐
7. 자기는 가치 없는 사람이어서, 죄악감을 느낀다. ☐
8. 사고력이 감퇴하고 집중이 안 된다. ☐
9. 자살을 생각하거나 시도한다. ☐

이 진단기준을 한 여성의 중증 우울 사례자에 적용시켰을 경우를 보면 아홉 가지 증상 가운데서 9,5,4 이외의 여섯 가지 증상을 보여주었다고 한다.

또한 그는 DSM-Ⅲ의 리스트를 '학습된 무력실험learned-helplessness experiment'에 참가한 사람들이나 동물에 적용시켰을 경우를 본다면, 상황 컨트롤의 힘(조건)이 주어진 그룹은 아홉 가지 증상 가운데서 한 가지 증상도 보이지 않았던 것에 반하여 같은 상황에서도 컨트롤의 조건이 주어지지 않았던 그룹은 여덟 가지의 증상을 보였다고 한다. 이점은 앞에서 든 여성의 중증 우울증보다 두 가지가 더 많다는 것을 알 수 있다.■

현재 DSM은 제5판(DSM-V)까지 나왔으며(2013) 진단기준은 아홉 가지로 표현에 있어서 DSM-Ⅲ과는 대동소이하다. 참고로 소개하면 다음과 같다.

이 실험은 긍정심리학으로 널리 알려진 마틴 셀리그만에 의한 실험이다. 즉 실험실에서 고통을 피하려는 모든 행동을 좌절당한 개는 더 이상 고통을 피하려는 행동을 포기한 채 피동적으로 고통을 당하기만 했다. 그후 이 개는 고통을 피할 수 있는 조건이 주어져도 고통을 피하려는 행동을 적극적으로 하지 않았다. 이 동물 실험의 이론을 인간의 우울증을 설명하기 위하여 한 실험이다. 요컨대 무력습득이론 learned-helplessness theory 즉, 무력감은 학습된다는 것이다.

op. cit., p.69.

1. 매우 자주 또는 매일 기분이 답답하다.(예: 슬프다, 허무하다, 무력하다/아동·청년기에는 과민성 기분이다) 눈물이 헤프게 보인다. □

2. 매우 자주 또는 거의 매일의 생활에서 관심과 재미가 없다. □

3. 다이어트를 하지 않아도 체중이 감소하거나 증가하며 또는 거의 매일 식욕이 감소하거나 증가한다. □

4. 불면증 또는 수면과다증 □

5. 거의 매일 정신운동성의 초조와 지체. □

6. 거의 매일 피로감이나 에너지 상실감을 느낀다. □

7. 거의 매일 나는 가치 없는 사람이며 지나친 부적당한 죄책감감을 느낀다. □

8. 거의 매일 사고력, 집중력 또는 결단성이 떨어진다. □

9. 자살실행을 위한 특별한 계획이나 기도가 없는 재발성 자살을 생각하거나(죽음에 대한 공포는 아니다) 반복되는 순환적인 죽음에 대한 생각을 한다. □

여기서 참고로 무력상태에 대하여 좀더 구체적으로 생각해보자.

1. 도저히 피할 수 없는 소리나 풀 수 없는 문제를 가지고 있는 사람들은 우울한 기분에 덮치게 되었다는 것을 보고하고 있다.

2. 피할 수 없는 충격이 주어진 동물들은 통상적인 활동에 흥미를 잃었다. 공격을 받아도 반격도 하지 않았으며 새끼들도 돌보지 않았다.

3. 피할 수 없는 충격이 주어진 동물들은 식욕을 잃고 체중도 줄어서 교미에도 관심을 보이지 않았다.

4. 무력상태의 동물들은 불면증의 증상, 특히 우울증 환자들이 경험하는 것과 같이 새벽에 잠을 깨고 나면 더 이상 잠을 이루지 못하는 증상을 보였다.

5·6. 무력상태의 사람들과 동물들은 순발력이 떨어져서 정신운동성의 지연을 보였으며, 활력도 없었다. 때문에 충격으로부터 피하려고 하지도 않았으며 먹이를 찾으려고 하거나 문제를 해결하려는 의욕도 보이지 않았다. 공격당하거나 모욕을 당해도 반격하지 않았다. 새로운 과제를 주어도 즉시 포기하고 새로운 환경을 탐색하려고 하지도 않았다.

7. 무력상태의 사람들은 문제를 해결하지 못한 것은 자신

이 능력이 없기 때문이며 자기는 가치가 없는 사람이라 믿고 있었다. 우울상태가 심할수록 이런 비관적 설명 스타일의 정도는 심했다.

8. 무력상태의 사람들이나 동물은 상황을 좋게 생각을 하지도 못하고 주의도 산만하였다. 새로운 것을 좀처럼 기억하지 못할 뿐만 아니라 자기에게 득이 되는 일이나 안전에 관한 중요한 사안에 대해서도 주의를 집중하지 못했다.

앞에서 본 증상들은 '**학습된 무력감**learned helplessness(고통을 피하려는 행동을 좌절당한 경험은 고통을 피할 수 있는 조건이 주어져도 고통을 피하려는 적극적인 행동을 하지 않게 만든다)'**이 우울증의 원인이라는 것과, 실패나 잘못의 원인으로 자신의 바람직하지 못한 속성에 돌려 버림으로써 자존감이 저하되어 이것이 우울증의 원인이 된다는 '귀인**attribution**'의 이론을 말해주고 있다.**

이 '귀인'이론은 문맥으로 본다면 '학습된 무력감'의 이론을 보완하는 관계에 있다고 볼 수 있다. 왜냐하면 학습된 무력감의 이론인 '좌절의 상황경험→무기력→우울증' 즉, 대처할 수 없는 극한 상황을 반복적으로 체험해서 얻은 무기력증이 우울의 원인이라고 하지만 인간의 우울은 그렇게 단순한 기제로 설명될 수 있는 것이 아니며 훨씬 더 복잡하다고 보기 때문이다. 요컨대 좌절상황에 대한 개인의 인지과정인 귀인양식을 매개변인으로 도입함으로써 우울에 대한 설명을 좀더 자신 있게 할 수 있게 된 것이다.

인지치료법과 우울증

우울증에 대한 인지치료의 기본이론은 우울증 환자가 갖고 있는 실패와 좌절이나 무력상태에 대한 사고방식을 바꿔주려면 어떻게 하면 효과적인가에 귀착된다. 여기에는 다섯 가지 방법의 이론이 있다.▪

첫째로, 자기가 최악 상태의 기분일 때, 어떤 생각이 무의식적으로 의식에 떠오르게 되는가를 인지한다. 이는 습관화 되고 내재화 된 자신과 환경에 대한 잘못된 생각이나 일탈행동을 알게 하기 위해서 필요하다.

예컨대 세 어린이를 키우고 있는 어머니는 아침에 어린이들을 학교에 보낼 때면 습관적으로 소리내어 잔소리를 하게 된다. 그 결과 어머니는 매우 심한 우울상태에 빠져들게 된다. 인지치료법

ibid., pp.84-91.

에 의해서 어머니는 한바탕 소리를 외치고 나서 자기 자신에게 이렇게 말하고 있는 것을 알게 된다. '나는 혹독한 어머니다. 내 어머니라 해도 좀 덜했을 것인데 내가 너무한 것 같다' 이것이 이 어머니가 자신에 사용한 설명 스타일이었으며 이 설명 스타일을 영속적으로 사용함으로써 이것이 자기를 책하고 있음을 알게 된다. 요컨대 자신의 고착된 무의식적인 사고와 행동이 잘못된 것이라는 것을 알게 한다.

이때 사용한 자기설득의 방법은 도날드 마이켄바움이 제창한 자기교시치료self-instructional therapy에 사용하는 방법으로서, 자기변용의 방향·방법 및 구체적인 행동요령을 자기와의 대화를 통해서 자신의 부정적이며 비합리적인 사고의 인식을 스스로 바꿔나가는 셀프 토크self-talk의 방법이다.

둘째로, 어머니의 무의식적인 사고의 반증이라고 볼 수 있는 사실을 열거함으로서 이를 반박할 수 있는 방법을 배운다. 예컨대 어머니는 어린이들이 학교에서 돌아오게 되면 함께 축구를 하고, 기하를 가르쳐주며, 애들의 고민거리에 대한 상담이 잘되고 있는 것을 생각하면서 기분이 명랑해진다. 어머니는 이와 같은 사실에 생각의 초점을 맞춤으로서 자기가 나쁜 어머니라고 습관적으로 생각하는 것은 잘못된 것이라는 것을 알게 된다.

셋째로, 자신의 특성을 다시 평가하는 설명방법 즉 실패나 잘못의 원인을 자신의 능력 부족에 돌렸던 설명 스타일을 수정하여, 그 원인을 통제 가능한 노력 부족으로 돌리는 '**재귀인**reattribu-tion' 또는 '**귀인재훈련**attribution retraining'을 받아, 언제나 무의식적으로 떠오르는 생각에 반론을 제기한다.

앞에서 든 세 어린이의 어머니의 경우라면, "나는 오후에는 다정하고 상냥하게 대해 줄 수가 있지만 오전에는 힘든 것 같다. 나는 아침형 인간이 아닌가봐"라고 부정적인 설명을 하게 되면 연쇄반응을 일으켜 "나는 혹독한 어머니다. 어린이를 키우기에 맞지 않는 사람이다. 때문에 살아있을 자격도 없다"라는 자신에 대한 부정적인 설명을 하게 된다. 그러나 귀인재훈련을 받음으로써 **잘못된 귀인**misattribute을 새로운 설명 스타일을 이용함으로써 부정적인 연쇄반응을 단절시킬 수 있는 방법을 배우게 된다.

넷째로, 우울한 생각을 딴 데로 돌릴 수 있는 방법을 배운다. 그리하여 어머니는 이와 같은 비관적인 것을 지금 생각할 필요가 없다는 것을 알게 된다. 또한 압박상태에 있을 때 비관적인 생각을 '**반추**rumination'하게 되면 상황은 더욱 악화된다는 것도 알게 된다. 우리는 경험을 통해서 안 좋은 생각을 다음으로 미루는 것이 때론 좋은 결과를 가져오는 경우도 많다는 것을 알고 있다. 때문에 우울증의 인지치료에서는 어떤 생각을 할 것인가 뿐만 아니라 언제 생각할 것인가를 배우는 것이 안 좋은 생각을 컨트롤할 수 있는 방법을 배우는 것이 된다.

이 문제는 스트레스를 얼마나 잘 참아내는가의 '의지'의 문제에 귀착된다. 하버드 대학교 의과대학에서 편집한 『The Wellness Book』에서 스트레스에 잘 참아낼 수 있는 사람의 특징으로서 '4Cs'(Control, Challenge, Commitment, Closeness)를 들고 있거니와, 우울증이 심한 사람일수록 스트레스에 약해서 컨트롤하지 못하는 것도 인지치료에 있어서 다루어야 할 중요한 문제가 된다.

앞에서 소개한 우울증 진단기준을 보아도 4Cs는 우울증 극복과 직·간접적으로 관계가 있음을 알 수가 있을 것이다. 즉 우울증 환자의 감정적 특징인 "이젠 무엇을 해도 쓸데없다"라는 절망감도 스트레스를 제어control하지 못하기 때문에 생기는 감정이다. '무력감helplessness'도 이 제어력이 없기 때문에 생기는 현상이다.

또한 우울증을 가진 사람은 자기가 직면하고 있는 문제에 맞서고 도전challenge하는 에너지도 없다. 그러기 때문에 무엇을 하고자 하는 태도도 분명치 않고 참여commitment도 못한다. 오히려 이를 회피하려는 사람이다. 이런 사람은 사람과 친하게 지내는 것을 귀찮게 생각하기 때문에 주변에 친한 사람도 없다. 즉 친근성closeness이 없다. 이 4Cs의 특징은 감정적인 기제로 볼 때 우울증의 중심적 증상인 무력감의 네 가지 다른 발현 현상이라는 점에서 서로 긴밀한 관계를 가지고 있다.

다섯째로, 자기 행동이 얼마나 많은 우울증의 원인이 될 만한 가정假定에 지배되고 있는가를 깨닫는 일이다. 그리고 여기에 문제의식을 가져보는 일이다.

'나는 사랑 없이는 살아갈 수가 없다.'
'무엇이든지 완벽하게 하지 못하면 실패다.'
'누구나 나를 좋아해주지 않으면 나는 쓸모없는 인간이다.'
'어떤 문제나 완벽한 해결법이 있기 때문에 그 방법을 발견하지 않으면 직성이 안 풀린다.'

이상과 같은 사고가 우울증 원인의 전제가 된다. 그리고 이와 같은 생각으로 살아가려고 하면 나날을 우울하게 보내게 된다. 그러므로 설명 스타일을 비관주의에서 낙관주의로 바꿔 인생의 전제를 다시 선택하여 수정하지 않으면 안 된다. 즉

'사랑은 귀중하지만 좀처럼 얻기가 힘들다.'
'최선을 다하는 것이 성공이다.'
'나를 좋아하는 수만큼 좋아하지 않는 사람도 있다.'
'인생을 살아가는 데는 임기응변으로 대범하게 대처하는 것도 필요하다.'

이렇듯 우울증을 만드는 비관적 설명 스타일을 긍정적이며 낙관적인 설명 스타일로 바꿔줌으로써 지금까지 구제받을 수 없을 만큼 부정적인 대화를 자기 자신에게 걸어왔던 것을 깨닫게 된다. 이와 같은

낙관적인 사고의 변화가 생기게 되면 인생을 긍정적으로 볼 수 있는 인생의 전제를 받아들이게 된다.

뿐만 아니라 무의식적으로 떠오른 생각에 대해서 반론을 제기할 수 있는 자신감도 생기며, 또한 실패할 것이라는 생각이 떠오를 때는 사람은 누구나 완벽한 것이 아니므로 실패할 수도 있다는 것도 알 만큼 자기 자신에 대한 설명 스타일이 비관주의에서 낙관주의로 완전히 변하게 된다.

이 점은 항우울제antidepressant를 사용하고 있는 사람과는 달리 이와 같은 인지치료법을 사용하게 되면 어떤 좌절에 직면하더라도 언제든지 전문의나 약물의 힘을 빌릴 필요가 없이 자력으로 우울상태를 극복할 수가 있다는 것을 말해주고 있다.

그러나 우울증 치료에는 인지치료방법만 있는 것은 아니다. 우울증에는 조증mania을 동반하는 우울증(양극성 우울증bipolar depression/조울증manic-depression), 조증을 동반하지 않는 우울증(단극성 우울증monopolar depression), 주기가 자주 변하는 우울증, 주기가 긴 우울증, 일시적이면서 강한 우울증, 약하면서 만성적인 우울증 등 다양하다.

때문에 심리학적 처치라 하더라도 아론 벡의 '인지치료법'이나 셀리그만의 '귀인치료법attributional therapy' 외에 피터 류윈손Peter

Lewisohn의 강화reinforcement의 이론을 활용한 '행동접근모델behabioral approach model'과 이와 유사한 렘L. Rehm의 '자기통제모델self-control model'도 있고, 설리반Harry Sulivan의 이론에서 비롯된 클러만Gerald Klerman의 '대인치료interpersonal therapy'와 프로이트Sigmund Freud의 정신역동이론을 기초로 한 전이transference 및 저항resistance의 인식과 극복이 치료의 핵심인 정신역동적 치료psychodynamic therapy도 있다.

이와는 달리 신체·생리적 접근으로서, 증상에 따라서 항우울제, 신경전달 작용을 하는 호르몬인 카테콜라민catecholamine의 결핍을 증가시켜 주는 모노아민 옥시디아제 저해약monoamine oxidase inhibitors(항우울약물), 중추신경의 흥분도를 경감시켜주며 양극성 우울증, 급성조증에 사용하는 리티움Lithium 그리고 약물치료와 심리치료의 효과가 없는 경우에는 전기충격요법electroconvulsive therapy을 사용하기도 한다.

그러나 전문가들의 임상연구에 의하면 모든 종류의 우울증이나 모든 내담자에게 효과가 있는 치료법은 아직 없다고 한다. 모든 우울증은 원인이 하나이거나, 동일한 성질의 메커니즘을 지닌 동일한 문제라고 보기는 어렵다. 그러므로 치료 전문가로서 가져야 할 태도나 행동은 우울의 종류에 따라서 이런 종류의 우울에는 이런 치료가 이 정도의 효과가 있다는 객관적인 태도가 필요하다고 본다.

2

사회생활에
대한 소신

인생이란 자기가 살아온 시간의 궤적이며 공간과 더불어 삶을 이어 가는 전후 흐름의 '계기적 질서繼起的 秩序'의 의미를 갖는다. 때문에 한 사람의 인생이란 시간과 공간의 관리를 어떻게 했느냐에 의해서 그 의미도 달라지게 된다.

여기서는 이토록 중요한 황금 같은 시간을 사용하는 장소를 사회생활(2장), 학교생활(3장), 가정생활(4장)로 나누어, 각 생활에서 행복을 가로막고 불행을 가져다주는 아집이나 잘못된 인식과 비합리적인 신념에 대해 검토하고 자기를 설득할 수 있는 문제에 중심을 두고자 한다.

거부에 대한 인식

인생이란 다양한 인간관계와 언어를 수단으로 펼쳐진다. 이 때 상대방의 의견에 동의하지 않고 거부한다는 것은 매정스럽게 보이지만 그러나 거절했어야 할 일을 마음이 약해서 또는 우유부단한 성격 때문에 거절을 하지 못한 결과 큰 불행을 가져왔다고 한다면 우리는 이것을 어떻게 보아야 할 것인가. 물론 그 거절이 무엇에 대한 거부였으며, 무엇을 위한 거부였느냐에 따라서 그 의미는 달라지게 될 것이다.

거부 없는 인생은 없다

인생이란 구체적으로는 문제해결의 과정이기도 하지만 각종 가치와 행동선택의 과정이라고도 볼 수 있다. 요컨대 무엇을 할 것인가, 어떤 학과 어떤 직업을 선택할 것인가, 어떤 사람과 결혼할 것인가, 어떤 종교를 가질 것인가 등 모두가 자신이 주인이 되어 행동을 '선택choosing'하는 문제에 귀착된다. 요컨대 산다는 것은 행동을 선택하는 일이다.

때문에 다양한 행동 가운데서 한 행동을 선택한다는 것은 선택받지 못한 나머지 행동을 버린다는 것을 전제하고 있다. 이 경우에 거부하는 사람은 선택받지 못한 쪽을 생각할 때 선택의 이유가 충분히 있다 할지라도 좀 미안하고 매정스럽게 느껴질 수도 있을 것이다.

그렇지만 부득이한 사정 때문에 마음에 없는 선택을 하고 나서 그 결과가 어떤 불행을 가져다주는 것보다는 훨씬 잘된 일이라고 생각하면 섭섭할 것도 없고 기분 나쁘게 생각할 필요도 없을 것이다. 또한 우리는 전지전능한 신적인 존재도 아니며 자기가 바라는 대로 다 선택할 수도 없고 선택받을 수도 없다는 인생의 냉엄한 현실과 자기 능력의 한계를 알고 이를 감수할 줄도 알아야 된다고 본다. 우리가 사회생활에 있어서 필요한 선택과 필요한 거부를 상황에 따라 판단할 줄 아는 일은 매우 중요한 덕목의 하나라고 본다.

한 가지 예를 들어보자.

누구나 상대로부터 거부당한다는 것은 우리가 먼 길을 걸어가다 보면 자기도 모르는 사이에 미물인 작은 벌레도 밟아죽이지 않고서는 걸어갈 수는 없다는 것과도 같다. 통념상으로는 거부하지 않는 것이 상대에게 좋은 인상과 만족감을 줄 수 있을 것이라고 생각하지만, 그러나 선택이 자기한계를 넘어섰을 경우에는 이를 거부하는 것이 잘한 일이라고 생각한다. 오히려 우유부단해서 상대에게 수용할 마음이 있는 것처럼 하다가 막판에 가서 거절하는 것보다는 훨씬 상대 마음의 상처를 덜 준다는 점에서 바람직한 태도다.

붙임성이 좋아서 이사람 저사람 가리지 않고 경솔하게 처신하게 되면 인정 많고 친절하게 보이지만 반면에 이런 사람은 중심이 없고 지쳐서 오래 못 간다. 사람이 너무 순진하고 온순해서 그것이 한계에 달해서 어느 날 갑자기 거부한 나머지 자기중심적인 기분에 빠져서 상대방을 매우 난처하게 만들게 되는 경우도 있다.

이런 점에서 사람이 무엇(누구를)을 거부한다는 것은 단순히 거부당하는 사람의 기분을 중심으로 생각해서 인간미도 없고 냉정한 사람으로 보기 쉽지만 기실은 그 이상의 의미도 있다는 것을 유의할 필요가 있다. 요컨대 거부함으로써 내가 무엇을 하고자 하는지, 무엇을 말하고자 하는지가 분명해진다. 또한 자신에 관해 미처 몰랐던 부분을 알고 깨닫게도 된다.

예컨대, 중고생이 부모의 의견에 의미 있는 거부를 함으로써 자신의 생각을 확인하는 현상은 소위 제2반항기period of secondary negativism의 현상이며, 이를 통해서 '나란 무엇인가'의 정체성identity

을 붙잡을 수 있는 매우 중요한 체험을 하게 된다는 의미도 있다. 그러나 제2반항기를 애매하게 보낸 사람들 가운데는 개성도 없고, 말썽 없이 그저 무난하며, 애늙은이 같은 사람이 적지 않다는 것도 이 때문이다. 반항을 위한 반항이 아니라 이유가 있는 반항은 의미가 있는 반항이다.

18세기의 자연주의 교육사상가 루소Jean-Jacques Rousseau도 그의 교육 소설 『에밀, 또는 교육에 관하여Émile, ou de l'Éducation (1762)』에서 15세부터 21~23세까지를 사회적 인간으로서의 기초와 자기를 확립하는 자아가 탄생된다 하여 첫번째의 생물학적인 탄생에 이어서 나타나는 인생의 '제2의 탄생'을 맞이하는 시기라고 말한 것은 매우 시사하는 바 의미가 크다.

우리가 무엇을 거부하고 주장하며 비판하는 것을 부정적인 의미로만 볼 것이 아니라 긍정적인 면도 있다는 것을 알아둘 필요가 있다. 또한 거부는 자기만이 아니라 다른 사람도 나를 거부할 자유가 있다는 것도 망각해서는 안 될 것이다.

사람들 중에는 남은 나를 거부해서는 안 된다는 잘못된 인식의 전제를 가지고 있기 때문에 다른 사람으로부터 자기 의견이 받아들여지지 못했을 때 자존심이 상했다 하여 불쾌하고 화를 내게 된다. 그 결과 자기혐오나 타인증오로까지 발전하게도 된다. 그러나 자신의 잘못된 인식이나 고정관념을 수정하게 되면 자기혐오나 타인증오 같은 마음의 상처 같은 것은 받지 않아도 될 것이다. 그렇다고 해서 사람들로부터 거부당해도 태연해야 된다는 것은 좀 무리라고 본다.

왜냐하면 사람이라면 심재좌망心齋坐忘(심신 일체의 경지에서 마음의 일체의 더러움을 씻고 모든 것을 잊어버려 허虛의 상태에서 도道와 일체가 되는 장자莊子의 수양법)하여 도道와 일체가 된 사람이 아닌 한 누구에게나 자긍심이나 인정받고 싶은 심리 같은 일종의 나르시시즘 같은 것이 있기 때문이다. 다시 말한다면 사절당하고 거부당하는 것은 나르시시즘이 상처받는 것이어서 선악의 경지를 초월한 도인이 아닌 한 결코 태연할 수는 없을 것이다. 다만 필요한 것은 자기혐오나 타인혐오가 되지 않도록 자기통제 또는 선禪의 수행에서 말하는 조심調心/regulation of mind하는 태도다.

거부는 자기 생활양식의 선언

사람이 무엇을 거부한다는 것은 단호한 자기 생활관의 표현이기도 하기 때문에 상황에 따라서는 다른 사람들로부터 인정과 평가를 받을 수 있는 기회이기도 하고, 경우에 따라서는 배수의 진을 침으로써 거부는 그 만큼 자신감과 의욕을 고양시켜 주기도 한다는 것을 이해할 필요가 있다.

되는 일도 없고 안 되는 일도 없는 사람은 개성도 없는 사람이며, 거부 후 원망과 따돌림을 염려하여 명쾌하게 '아니오'라고 말할 수가 없는 사람이며 이런 사람은 친구 사이에서도 그렇게 환영받지 못한다. 오히려 자신이 손해를 본다는 것을 알면서도 '아니오'라고 분명하게 말하는 사람이 존경받는다는 것도 알아야 한다. 왜냐하면 사람이 명예나 금권을 초월해서 무언가를 거부한다는 것은 인간적인 도리와 가치를 통속적인 호의나 명예보다 더 가치 있다고 선언한 것과 같은 것이 되기 때문이다.

이와 같은 거부는 우리가 기르고 권장해야 할 덕목이라고 본다. 해서는 안 되는 일인 줄 알면서도 거절 못하고 돈·출세·명예 때문에 정의와 양심과 법을 외면하고 살아온 사람들의 말로를 본다면 거부의 참된 의미가 무엇인지 잘 이해하게 될 것이다. 이런 점에서, **남의 뜻에 그저 영합만 하는 사람보다는, 정의와 양심의 편에서 때로는 눈물을 머금고 '아니오'라고 말할 수 있는 인간이야말로 양심지향적이며 정의지향적인 정신성이 높은 인생을 살고 있는 사람이다.**

우리나라의 부모들은 애들이 아침에 학교에 다녀오겠다는 인사를 하게 되면 으레 하는 말이 있다. "모르는 데가 있고 의문점이 있으면 선생님께 많이 물어보고 오라"는 말보다 "선생님 말씀 잘 듣고 착한 사람이 되어야 한다"라고. 착하다고 하는 것은 마음이 곱고 어질다는 뜻을 갖는 선善을 말한 것이어서 길러야 할 미덕인 것은 분명하지만 이것이 지나치면 자주성이나 자존심도 없는 복종지향적인 성격을 만들게 된다는 것도 알아둘 필요가 있다. 그러나 의문점을 그대로 넘어가지 않고 선생님께 질문하여 알고 넘어갈 줄 아는 어린이는 자기 소신을 가지고 '아니오'를 분명하게 말할 수 있는 사람이 될 것이다.

요컨대 지나치게 착한 사람은 '아니오'라고 말을 할 수가 없기 때문에 이것이 고민이나 갈등의 원인이 될 수가 있다. 인생을 살아가는 데는 때로는 필요한 '아니오'를 말할 줄 아는 사람이라야 한다. 때문에 '아니오'라는 소리는 자기 인생의 삶을 이렇게 살아간다고 하는 존재양식을 선언하는 소리라고도 볼 수 있다.

이기적인 거부가 아니라 도리와 정의의 편에서 '아니요'를 말할 줄 아는 사람이 많은 사회일수록 건전한 사회이며 살기 좋은 사회일 것이다. 공직사회의 부정부패나 각종 비리도 양심이나 정의의 편에 서서 받아들여서는 안 되는 것을 거부 못하는 데서 일어나는 사회적 병리현상이다.

이조말李朝末의 대학자 다산茶山 정약용丁若鏞의 『목민심서牧民心書』에서도 목민관으로서 치민治民에 대한 요령과 감계鑑戒가 될만한 수직을 말하고 있는 것 가운데는 '청심淸心'과 '제가齊家'를 위해 부당한 청탁을 물리치는 것을 말하고 있다. 부당한 청탁을 거부하는 것은 '청렴'의 원천이며 또한 청렴은 모든 선善의 원천이고 모든 '덕德'의 근본이라고 본다. 이조시대 공직사회의 불문률이었던 **사불四不삼거三拒**도 오늘의 공직자가 본받아야 할 덕목이다.

'아니오'를 말해서 좋을 때와 나쁠 때

많은 사람들의 경우 상대가 자기에게 '아니오'라고 거부하게 되면 흔히는 차갑고 인정 없는 이기적인 사람이라고 생각한다. 그러기 때문에 우리에게 필요한 것은 '차가운 아니오'와 '차갑지 않는 아니오'의 분별의식이다. 이 문제는 가정교육·학교교육·사회교육의 중요한 관심사가 되어야 한다고 본다.

그렇다면 그 분별 의식이란 무엇인가?

'차가운 아니오'란 자기는 행복하게 살고 있으면서도 남이 행복하게 되는 일에 마음을 쓰지 않는 사람의 경우다. 요컨대 남에 대한 이해와 배려에 인색한 사람의 경우다. 또한 '저 사람은 차갑다'라고 비판하는 사람은 '저 사람은 남에게 호의를 보여야 한다'라는 소신을 가지고 있는 사람의 경우다. 그러나 보통 사람이라면 자기가 행복하지 않을 때는 남이 행복하게 되면 샘이 나서 함께 기뻐하고 좋아할 수가 없는 것도 사실이다.

사불四不 : 재임 중 하지 말아야 할 네 가지.
1. 부업을 하지 않는다.
2. 땅을 사지 않는다.
3. 집을 늘리지 않는다.
4. 명산물을 먹지 않는다.
삼거三拒 : 재임 중 거절해야 할 세 가지.
1. 윗사람의 부당한 부탁을 거절한다.
2. 청을 들어준 것에 대한 답례를 거절한다.
3. 경조사에 부조를 하지 않는다.

때문에 여유가 없고 불행한 사람은 스스럼 없이 나는 어떻게 하면 행복해질 수 있는가에 대해서 열심히 생각하게 된다. 이런 사람은 자원봉사도 당분간 보류하고 자신이나 자기 가족을 위해 봉사하는 것이 솔직한 인간적인 모습일 것이다. 여기서 인간적이란 인간의 본성human nature에 맞게 가능한 한 충실하게 살려고 하는 마음의 자세다.

이와 같은 맥락에서 본다면 '거부감이 없는 아니오'를 말할 수 있는 사람이란 사람들에게 친절하게 배려할 수 있을 정도의 공감empathy(감정이입)의 여유가 있는 사람이다. 즉, 상대의 처지가 되어 귀기울일 수 있고 상대에 무언가 해줄 수 있는 여력이 있는 사람이다.

요컨대 역지사지할 수 있는 사람이다. 그러나 이런 사람에도 손쉬운 언어적 수준에서는 친절해도 좀 번거로운 전화를 건다든다가 추천서를 써준다거나 사람에게 소개하는 등 비언어적 수준에서는 귀찮게 생각하는 사람도 있다. 가장 이상적인 것은 언어적 수준과 비언어적 수준에서 똑같이 남을 배려하는 태도라고 볼 수 있다. 이 경우의 인간을 통상적으로 '다정다감한 인간'이라고 말한다.

그렇지만 현실적인 인생에서 하나도 거부 없는 인생을 살 수 있는 사람이 어디 있겠는가? 다만 그 거부가 어떤 거부인가가 문제인 것이다. 우리는 우리 사회의 여기저기서 발생하는 부정과 비리에 대해서 분노하고 비판한다. 이 부정과 비리도 근본적으로는 해서는 안 될 일, 만나서는 안 되는 사람, 받아서는 안 되는 금전에 대해서 거부하지 못할 때 발생하게 된다.

우리는 용기 있게 거부하지 못함으로 인하여 역사의 죄인이 되고 불행한 인생을 살고 있는 사람이 많다는 것을 명심할 필요가 있다. 이러한 사회의 병리적 현상을 살아있는 현실 교과서라고 생각한다면 우리는 배워야 할 것이 너무도 많다. 진실로 사회 현실은 살아있는 사회과 교과서이자 살아있는 도덕 교과서이다.

거부능력의 육성

사람들이 살아가다 보면 본의 아니게 할 수 없이 '네'라고 동의하고 나서 나중에 후회하는 경우가 있다. 그러나 한번 실수했다면 다음부터는 '즉답'을 피한다고 하는 원칙을 지키는 것이 첫 번째 효과적인 거부의 방법이다.

예컨대, 친구로부터 좋아하지 않는 경마장에 놀러가자는 제의를 받았을 경우, 즉시 그 자리에서 거절하는 것보다는 "참 좋은 기회이며 가고 싶다"고 말하고 확답은 집에 가서 스케줄을 보고 나서 전화하겠다고 하고 나서 다음에 전화로 동행할 수 없는 사정을 말하는 것은 즉답으로 거절한 것보다는 상대가 듣기에도 좋으리라고 본다. 사람은 시간적인 틈을 두고 생각하게 되면 이왕

이면 듣기 좋은 표현을 구상할 수가 있고, 또한 원격적인 대화이기에 면전에서 말하기보다는 좀더 편안하며 사양하기도 부담이 덜할 것이다.

이런 경우에 '스케줄을 검토하고 나서'라는 말이 언짢게 들리는 사람에게는 배우자의 구실이나 선약이 있다는 것을 들어 즉답을 피하는 것이 좋다. 또한 즉답을 피함으로서 상대방이 기다리는 동안에 동행할 수 없는 답을 받아들일 마음의 준비가 어느 정도 될 수 있기 때문에 상대로부터 거절당해도 즉석에서 거절당한 것보다는 오해나 불쾌감 없이 넘어갈 수가 있을 것이다.

요령 없는 사람이 거절하는 것에 성공할 수 있는 두번째 방법은 거부의 이유를 구체적으로 설명하지 않는다는 것이다. 예컨대 물건을 파는 곳에서 물건을 보고 나서 이를 거부할 경우에는 이유를 상세하게 말하지 말고 내가 살려고 하는 것이 아니어서 미안합니다라고 결론만을 말하고 가급적 빨리 나오는 것이 좋다.

상대가 이유를 묻는다 하여도 가정이나 직장 이외의 사람들과의 사적인 대화에서는 그 이유에 대해서 대답해야 할 의무는 없기 때문이다. 사람들 가운데는 무리하게 이유를 만들어 말하려고 하기 때문에 거짓이 드러나는 실수도 하게 되고 말이 길어지게 되며, 경우에 따라서는 실수한 말 한마디가 더 많이 팔려고 하는 판매원의 감정을 자극하여 언쟁 또는 폭력으로까지 비화하기도 한다.

세번째로 성공적인 거부를 위해 유의해야 할 점은 평소부터 비밀이 많은 삶보다는 투명하게 삶을 살아가는 것이다. 이점은 상담이론에서 효과적인 상담을 위해 카운슬러의 지나친 중립성의 원칙만을 고집한 나머지 역할에만 매여서 전문적 기술로만 일관하는 단점을 극복하기 위해 카운슬러의 시의적절한 감정·사고·인생관·성장과정이나 현황 등을 솔직하게 표명하는 **자기노출**self-disclosure이 필요한 것과도 같다.

자기 노출은 카운슬러와 내담자와의 관계를 리얼하게 만들어 가는 데 매우 효과적인 것처럼 평소의 대인관계에 있어서도 친소 정도를 고려하여 시의적절한 자기노출적인 생활을 한다는 것은 나에 대한 상대방의 오해를 줄이고 효과적인 거부를 할 때 사용할 수 있는 유용한 방법이다. 우리는 서로 마음이 통하는 벗을 지기지우知己之友라고 하지만 여기서 중심이 되고 있는 것도 자기노출이다.

예컨대, 평소에 '나는 일요일이 바쁘다. 왜냐하면 교회에 가야 하기 때문이다'라고 자기를 노출시켜 살고 있는 사람에게는 친구라 할지라도 이 사람에게는 다른 종교에 입교하라고 권유하지도 않을 것이며 일요일 약속 같은 것도 하려고 하지도 않을 것이다. 설혹 상대가 이를 망각하여 일요일 약속을 제의했을 때는 자기 실수로 무리한 제의를 한 점에 대해서 도리어 사과하고 미안하게 생각하게 될 것이다.

네번째로 유의할 점은 상대가 거절할 경우의 표정관리와 언어적 반응이다. 그러기 위해서는 평소에 누가 상식에서 벗어난 터무니없는 요청을 받았을 때 여기에 어떤 반응을 보이는가를 참고하는 것도 도움이 될 것이다. 무엇을 사양하고 거부하는 것도 처세술의 하나임을 명심할 필요가 있다. 사회생활에 있어서 성공한 사람들은 사양과 거부를 요령 있게 잘 구사할 뿐만 아니라 거절당했을 때의 표정관리도 잘할 줄 아는 사람이라고 보아도 좋다.

사람이 원만하게 처세하는 데는 묘안을 짜내는 '브레인스토밍brain storming'뿐만 아니라, 마음에 감동을 주며 감정관계를 원만하게 유지해 갈 수 있는 '하트스토밍heart storming'도 필요하다.

좌절에 대한 올바른 인식

사람에게는 누구나 자기 생존을 유지하기 위해서 나름대로의 욕구성향need disposition과 체계가 있기 마련이다. 특히 **욕구성향은 행동의 동기유발 가운데서 가장 중요한 요인의 단위이기도 하지만 이는 내면화 된 '가치지향성'에 의해서 충족된다는 점에서 중요한 의미를 갖는다.** 때문에 욕구성향에는 대상과 동기에따라서 욕구충족을 방해하는 것은 거부하고 유용한 것만을 지향하는 심적 에너지를 집중하는 카텍시스cathexis의 의미도 가지고 있다.

　이로 인하여 자기생존을 유지하기 위해 필요한 것이 결핍되었을 때는 이를 충족시키기 위한 각종 욕구체계를 만들게 된다. '좌절frustration'이란 이 욕구체계가 구체적으로 붕괴된, 심리적으로 긴장되고 불쾌한 상태다. **좌절이 중요한 의미를 갖는 것은 욕구좌절을 견뎌내지 못할 때는 무력감에 빠져 인생을 포기하거나, 공격적**

일 수도 있고, 세상을 저주한 나머지 허무감에 사로잡히기도 하며, 또 는 자기혐오감에 빠져 자취를 감춘 나머지 운둔자가 되기도 하며 심 신장애의 질환을 겪게도 된다는 점이다.

때문에 욕구좌절이란 좋은 것이 아니며 매우 부정적인 시각에 서만 이해하는 사회적인 통념을 가지고 있는 사람이 많다. 이와 같은 인식은 사회 곳곳에 팽배되어 있다. 예컨대 부모들의 경우 자식들에게 가급적 욕구좌절을 체험시키는 것이 좋지 않다고 생 각하여 응석받이로 키우는 등 인내심도 없고 버릇도 없이 제멋 대로 사는 사람으로 키우는 이른바 과보호, 자유방임적인 대응 이 이를 잘 말해주고 있다.

과연 '욕구좌절은 좋은 것이 아니다', '욕구좌절은 피해야 한 다', '인생은 내게 호의적이여야 하며 만족을 주어야 한다'라는 사 고방식은 타당한 것일까? 아니다.

욕구좌절도 이를 참고 이겨낼 수만 있다면 사회적응이나 인격향상 에 도움이 된다는 인식의 전환도 필요하다. 일반적으로 참을성tolerance 이 있고 욕구실현을 연기할 줄 아는 사람일수록 사회적응도 원만하여 정서적인 안정감도 높으며 스트레스에 대한 참을성도 강하다.

인생은 곧 좌절이다

세상은 반드시 좋은 일이나 성공만이 있는 것은 아니다. 슬픔도 있고 실패도 있다. 인생은 고해라는 말도 있듯이 누구나 정도의 차이일 뿐 살아가다 보면 크고 작은 좌절을 직면하게 된다. 중요한 것은 좌절을 어떻게 받아들이느냐에 있다. 결론을 먼저 말한다면 실패와 좌절도 긍정적으로는 받아들이지 않으면 안 된다는 것이다.

인간의 본성 가운데는 쾌락원칙pleasure principle**이 있기 때문에 실패나 좌절을 환영할 사람은 없을 것이다.** 그래서 사람들 가운데는 인생에서 실패나 좌절은 있어서는 안 된다는 생각을 고집하는 사람도 많다. 그러나 아무리 인생은 내게 호의적이며 허용적이고 공감적이어야 한다고 절규한다 할지라도 사람이 사는 동안 좌절이나 실패가 전혀 없는 사람은 없을 것이다.

물론 한번의 실패나 좌절도 없이 살 수가 있고 항상 만족과 성공 속에서 살 수가 있다면 더 없이 행복스러운 일이지만 그것은 현실적으로는 실현될 수 없는 하나의 이상향에 지나지 않을 것이다.

그렇다면 이런 좌절 속에서 내가 나로서 어떻게 살아가야 할 것인가를 생각해보는 것은 실존적으로 매우 의미 있고 중요한 일이다. 앞에서 인생은 곧 좌절이라는 말을 사용하였거니와 그것은 인생이란 우리들 개개인의 욕구·능력·만족수준에 맞추어서 만들어진 것은 아니기 때문이다. 뿐만 아니라 인간은 인생에 대해서 행복과 만족을 묻고 삶의 의미를 묻는 존재가 아니라 인생으로부터의 물음에 답을 해야 할 존재이기 때문이다.

좌절을 원망하거나 기피하는 사람은 어렸을 때 가족들의 일방적인 호의나 배려만 받은 유아와 같이 자기중심적이어서 무엇이든지 자기 생각대로 될 수 있다고 생각하기 때문에 세상이 자기에게 호의적이어야 하며 또한 이를 당연한 것으로 생각하고 있는 사람이다. 이런 착각 때문에 남에게 감사할 줄도 모른다. 이런 사람은 상대가 호의로 대해주지 않거나 사소한 좌절에도 등을 돌리거나 저주하게 된다.

때문에 이런 사람은 '세상은 나를 위해서 있는 것은 아니다'라는 자기설득을 아침저녁마다 할 필요가 있을 것이다. 뿐만 아니라 유아의 경우라면 혼자서 옮길 수 없는 나무토막을 준비해 두었다가 다른 사람과 협력하지 않으면 옮길 수가 없다는 체험을 어려서부터 시키는 것도 좋은 방법일 것이다. 이렇게 함으로써 인생은 결코 혼자서 살 수 없다는 것도 배우게 될 것이다. 중요한 것은 사람은 다양한 관계 속에서 더불어 살아가지 않으면 안 되는 공존적 존재Mitsen라는 것을 체험하는 것이다.

더욱 우리에게 교훈을 주는 것이 있다. 그것은 세일즈맨의 경우다. 세일즈맨은 '인생은 곧 좌절'임을 당연지사로 받아들이면서 인생을 긍정적으로 살고 있다는 점이다. 왜냐하면 세일즈맨은 **'세일즈는 손님에게 거절당했을 때부터 시작된다'**는 굳은 신념을 가지고 살고 있기 때문이다. 결코 손님으로부터 거절당했다고 하여 세상을 원망하지도 않으며 손님을 증오하지도 않는다. 또한 자기만이 좌절을 당하고 있는 것이 아니라 자기도 다른 사람에게 좌절을 줄 수도 있다고 자기설득을 하며 피차간에 매일반이라고 생각한다. 만약에 판매가 부진하다 하여 소비자나 세상을 원망하고 증오만 한다면 이런 세일즈맨은 영업에 실패하고 말 것이다.

좌절은 필요하다

바다에 파도가 없는 것은 바다가 아니듯이 인생에서 좌절은 피할 수 없는 숙명적인 것이라고 볼 수 있다. 그렇다고 해서 참을 수밖에 없다는 체념에 빠지라는 것은 아니다. 앞에서도 말한 바가 있지만 좌절의 체험은 인간의 성장에서 필요한 긍정적인 면도 있다. 그렇다면 좌절은 어떤 의미에서 필요하다는 것인가?

첫째로 좌절을 체험한다는 것은 자신을 가로막고 있는 것이 있다는 것을 지각함으로써 '주아主我'로서의 나와 '객아客我'로서의 나에 대한 의식이 발달한다는 의미가 있다. 요컨대 나 다음의 나에 대한 자각 즉 '아이니스Iness'가 형성된다는 것이다.

어려서부터 시중을 많이 받으면서 자란 사람은 나만 의식하고 자기에 대등한 상대를 의식하지 못하기 때문에 자타의 분별의식이 부족한 것이 문제다. 때문에 사고방식도 나 중심적이여서 상대의 시간이나 경제적 부담에 대한 배려도 전혀 할 줄 모른다.

이런 사람은 현실상황을 제대로 판단하고 여기에 맞는 행동을 선택할 줄도 모르는 무능한 비현실적인 사람이다. 겉으로 보기에는 태연자약하고 낙천주의자처럼 보이지만 사실은 무능하고 주객이 아직 완전히 분화가 덜된 사람이다. 따라서 나와 너를 비교할 줄도 모르기 때문에 열등감도 없어서 보기에는 좋을 것 같지만 경쟁의식도 없고 남이 하는 일을 자기도 해야겠다는 의욕도 없기 때문에 의식도 흐려보여서 바보스럽고 매우 불행한 사람이다. 그래서 적응도 잘 못하게 된다.

사람이 자신을 직시하고 의욕과 정열을 가지고 능동적으로 목표에 도전하기 위해서는 이겨낼 수 있을 정도의 좌절의 체험은 큰 약이 된다. 예컨대 한 고교생이 대학입시에서 경쟁대상이었던 학생은 합격하고 자기는 실패했을 경우, 자기를 너무 믿었다고 하는 것을 반성하고 자기 적성을 다시 생각할 수 있는 기회가 되어 평소에 생각하지 못했던 점을 발견하고 진로를 수정하여 분발함으로서 인생을 성공적으로 살았다고 한다. 이렇듯 좌절이 자기를 강하게 만들어 주고, 성공시킨 사례는 많다.

두번째로 좌절을 체험한다고 하는 것은 사고하는 힘을 길러준다는 점이다. 실패나 좌절도 생각을 바꾸게 되면 이를 '기능적 사고possibility thinking'로 전환시킬 수 있는 계기가 되기도 하며 실패와 좌절을 통해서 돈으로는 환산할 수 없는 값진 교훈을 학습하게 한다.

예컨대 나의 실패는 좀 더 시간이 필요하다는 것을, 나의 실패는 큰 목적을 달성해가는 과도적인 노력의 산물이라는 것을, 나의 실패는 내 인생의 패배를 의미하는 것이 아니라 단지 방법의 선택을 잘못했음을, 나의 실패는 문제해결학습의 과정에서 일시적인 시행착오에 지나지 않다는 것을 학습하게 된다는 것이다. 또는 정신적 차원을 높여서 "사람이 세상을 살다 보면 반드시 성공만 있는 것이 아니라, 지금까지 별로 큰 실수 없이 살아온 것도 하나의 성공이다"라고 생각함으로서 좌절에서 벗어나 용기를 낼 수도 있을 것이다.

분명히 좌절은 이를 긍정적으로 받아들이기만 한다면 창조적 사고를 훈련시킬 수가 있는 매우 소중하고도 의미 있는 기회가 될 수 있다. **중요한 것은 아무리 궁지에 빠져 있어도 절망하지 않고 지금이야말로 내가 창조적 사고를 할 수 있는 기회가 왔다고 발상의 전환을 하는데 있다고 본다.**

욕구좌절 내성

앞에서 욕구좌절은 발상의 전환을 할 수 있는 소중한 기회라고 말하였거니와 그러기 위해서는 좌절을 견디어내는 정신력(의지)이 필요하다. 무슨 일에 있어서나 지구력과 인내력은 실력보다 더 중요하다. 인내력이 부족한 사람은 사소한 장애물에도 자포자기하기 쉬우며 의기소침해서 사고의 유연성도 없어진다. 그러나 욕구좌절에 굴하지 않고 긍정적인 자기이미지를 갖고 좌절을 극복할 때까지 끈기 있게 참아내는 사람은 좌절을 발상전환의 기회로 만들 수가 있다. **이렇듯 좌절과 실패에 굴하지 않고 이를 참아내는 정신적 의지력이 욕구좌절 내성**frustration tolerance**이다.**

그렇다면 이 내성耐性이 강한 사람과 그렇지 못한 사람은 마음속의 문장서술이 어떻게 다른가?

첫째로 내성이 강한 사람은 '좌절은 누구에게나 다 있다', '하늘이 무너져도 죽으라는 법은 없다', '고통스럽지만 견딜 수 있다', '불편은 하지만 절망은 하지 않는다', **'인생에는 수난의 의미**meaning of suffering(파토스의 로고스logos of pathos)**라는 것이 있다'**, '이 상황은 영원히 지속되지 않는다', '의미 없는 인생은 없다' 등과 같이 인생을 적극적이며 긍정적으로 받아들이는 신념을 가지고 있다.

그러나 내성이 부족하거나 없는 사람은 생각하는 것이 성급하고 단정적이며, 부정적이고 도피적이며, 유연성이 없고 폐쇄적이다. 예컨대 '나만이 이런 일을 겪는 것은 억울하다. 세상은 불공평하다', '내 인생은 이것으로 끝이다', '나는 이 상황을 수용할 수가 없다' 등과 같이 자기가 처해 있는 상황 그 자체에 묶이어서 조금도 여기서 벗어나지를 못하고 앞으로 나아가지를 못한다.

이런 사람은 자기의 단점을 장점으로, 장애를 재산으로, 고민을 가능성으로, 위기를 기회로 상황에 대한 사고의 구조를 확산시킬 줄 모른다.

요컨대 하나로 정해진 답만을 추구하는 수렴적 사고convergent thinking**와는 달리 다양한 가능성 속에서 가장 최선의 해답을 찾아내는 '확산적 사고**divergent thinking**'를 못한다. 즉 상황에 대한 부정적인 의미부여를 긍정적인 의미부여로 바꾸고 제정의**redefining**하는 리프레이밍** reframing**을 하지 못한다.**

내성이 강한 사람과 그렇지 못한 사람의 **두번째** 차이는 행동방식에 있다. 다시 말해서 상황에 온몸을 던져 상황과 자기를 일체화시키느냐, 아니면 상황으로부터 도피하려고 하느냐의 차이다.

합리적 정서행동치료에 대한 설명에서, 사람이 겪는 불안·절망·고뇌란 문제 자체로부터 기인하는 것이 아니라 실패나 좌절을 받아들이는 인식에서 연유한다고 했다. 왜냐하면 사고가 감정을 좌우하며, 감정이 행동을 지배하기 때문이다.

이런 점에서 좌절이나 고통스러운 상황으로부터 피하려 하는 것보다는 대담하게 상황에 접근해서 역설적으로 도전하는 자세로 고통스러운 상황에 부딪쳐 보는 것이 불안이나 고통을 감소시키는 데 도움이 된다. 요컨대 **상황으로부터의 도피가 아니라 용기를 내서 문제에 '직면**confronation**'하는 능동적인 대결의 자세가 필요하다. 상담심리학에서는 이와 같은 이론으로 치료하는 것을 '역설적 치료** paradoxical therapy**' 또는 '역설지향**paradoxical intention**'의 치료라고 한다.** 예를 들면 다음과 같은 사례다.

11년간이나 자기가 '갑자기 죽는 것이나 아닐까'하는 심한 돌연사의 '예기불안anticipatory anxiety'을 수반한 발잘적인 심계항진 때문에 고생하고 있는 한 여성의 사례다. 그녀는 최초의 발작이 일어난 후 또 다시 발작이 일어나지나 않을까 하는 두려움과 불안 때문에 발작이 계속 일어나곤 하였다. 이 때문에 그녀는 '내가 두려운 감정을 갖게 되면 반드시 심계항진이 일어나 언젠가는 길을 가다가 쓰러져서 죽지 않을까'하여 외출도 못하고 항상 공포에 시달려 왔다.

이 경우에 치료자는 내담자에게 다음과 같이 자기설득을 하도록 하였다. "내 심장박동이 더 빨라질 것이다. 길바닥에서 지금 바로 쓰러져 버리자" 그리고 발병 위험이 예감될 경우에는 이를 피할 것이 아니라 주저하지 말고 대담하게 이에 직면하여 쓰러질

각오를 하라고 말해 주었다.

2주 후, 그녀는 심계항진이 일어나지도 않고 불안은 없어졌다고 말해 주었다고 한다. 몇 주 후에 그녀는 다음과 같은 보고를 해왔다.

"때로는 대수롭지 않은 심계항진이 일어날 때가 있었습니다. 그러나 그럴 때는 다음과 같이 자기암시를 걸었습니다. 내 심장이여, 좀 더 빨리 뛰어라! 그리고 나면 심계항진이 진정되곤 하였습니다"라고.

이렇듯 욕구좌절의 내성이 강한 사람은 싫고 불리한 상황이나 대상으로부터 마음 약하게 피하지 않고 용기 있게 맞설 줄 알고 '자기이탈self detachment'의 힘을 이용하여 악순환의 고리를 끊는 적극적인 방법을 쓴다는 것이다. 요컨대 역설의도의 치료는 이렇듯 '자극포화법 stimulus saturation'의 성질을 가지고 있다.

내심의 자발적인 명령에 따른다

사람에게는 자기 내면에 도덕적 규범에 따라서 스스로를 규율하는 내심의 지상 명령 같은 자율성이 있다. 이 자율성(자기|auto + 입법nomos)이야말로 인간만이 가지고 있는 개인적인 행위원리로서의 선善의 주관적 격률主觀的 格率 Maxime과 보편타당한 도덕률Sittengesetz에 따라 선을 실현하는 자유이다.

때문에 같은 행동도 마음에서 우러나서 한 것과 의무감 때문에 한 것과는 그 의미가 다르다. 예컨대 윗사람에게 인사할 경우 마음에서 우러나서 한 것과 마음에는 없지만 형식 때문에 억지로 하는 경우와 같다. 이와 같은 관점에서 우리는 일상생활에서 어떤 행동을 접할 때마다 '자율autonomy'과 '타율heteronomy'의 관점에서 행동의 바람직성 여부에 대해서 논하며 평가하기도 한다.

의무감보다 자발성

사람이 하는 행동에는 하지 않으면 안 되기 때문에 하는 경우와 자기가 좋아서 하는 경우가 있다. **전자는 불안과 의무감이 행동의 추진력이며 후자는 욕구와 자발성이 행동의 추진력이 된다.**

예컨대 학위논문을 쓰는 것은 불안하고 의무감 때문에 쓰는 것이며 정년퇴임 후에 저술을 하는 것은 자발적으로 자기가 좋아서 하는 행동이다. 때문에 전자는 구속성과 당위성이 있으며 후자는 자율성과 내심의 자유가 있다. 자기가 좋아서 하는 일은 과정 자체가 만족을 주며 만성적인 고통이나 초조감으로부터 벗어날 수가 있다.

그렇다고 해서 의무감에서 하는 행동이 나쁘다는 것은 결코 아니다. 사람이 생을 영위하기 위해서는 의무감이나 자발성은 똑같이 중요하다. 다만 이것을 정신건강에 미치는 측면에서 생각해 볼 필요가 있다.

예컨대 '일류대학을 나오지 않으면 안 된다', '미남미녀가 되지 않으면 안 된다', '학업성적은 최우수가 되지 않으면 안 된다', '결혼 전에 차와 집은 가지고 있지 않으면 안 된다' 등, 생각이 '……않으면 안 된다'는 인식이나 사고에 묶이게 되면 그만큼 살아가는 데 강박성을 띄게 된다. 성격이 소심한 사람은 '하지 않으면 안 된다'는 의무감에 너무 철저하다 보면 완벽주의자가 되기 쉽고 강박관념에 사로잡히기 쉽다. 무슨 일이나 자기가 좋아서 하는 것이 정신건강상 가장 바람직한 일이다.

'**강박관념**absessional idea'이란, 자기가 생각해도 불합리성을 인정하면서도 이런 잘못된 생각을 버리려고 하면 할수록 더 심해져서 자기의지로도 이런 생각을 버리지 못한 나머지 끊임없이 그런 생각이 자기 마음을 지배하고 있는 경우다.

이와 같은 강박적인 사고방식이 발전하여 강박신경증obsessive-compulsive neurosis에 이르게 되면 결국은 정상적인 생활을 못하게 된다. 예컨대 청결·의무·문단속·불조심·정리정돈 등에서 다양하게 나타나며 매사에 완벽을 기하려고 한 나머지 자기가 한 행위에 안심을 못하고 불안해서 같은 행위를 반복할 정도로 자기의지로 이를 막을 수가 없는 것이 특징이다.

예컨대 외출 시에 가스안전밸브를 돌려놓았는데도 안심이 안되어 몇 번이고 확인하지 않으면 외출을 못하는 나머지 결국은 그런 강박적인 자신에게 쓰러져 버린 경우다. 또는 책상 서랍의 자물쇠를 채웠을 때도 몇 번이고 몇 번이고 확인하지 않으면 직성이 풀리지 않는 '확인신경증' 같은 강박관념 때문에 고통을 받는 경우도 있다.

이와 같은 강박관념의 내용이 강한 공포를 가져다주게 될 때

이를 '공포증phobia(첨단공포·폐소공포·불결공포·대인공포·고소공포 등)'이라고
한다. 이 경우에 필요한 것은 본인의 '내성內省introspection'이 아니
라 앞에서(욕구좌절 내성) 설명한 바 있는 '역설의도'다. 역설의도(역설
적 의도는 빅토르 프랑클Victor Emil Frankl의 로고테라피에서 사용하는 치료기법의 하나
이다)는 '자기이탈'의 힘을 이용하여 이런 악순환을 극복하는 것
에 도움이 된다.

　이렇듯 강박적인 관념에 매여 있는 사람은 성격적으로는 '완벽주의
자'여서 자기 의지와는 상관없이 긴장과 불안·공포 속에서 살아야 하
기 때문에 행복한 인생을 살아갈 수가 없다.

　영국의 세계적인 자유주의 교육자이며 섬머힐Summerhill(1921)의
창시자인 알렉산더 니일Alexander Sutherland Neill(1883-1973)은 다음과 같
은 말을 한 바가 있다. "신경증적인 대학교수가 되기보다는 행복
한 굴뚝청소부가 되는 쪽이 훨씬 낫다." 이 문맥에서 본다면, 알
코올 중독자가 된 만성적인 애정결핍의 미녀이기보다는 미인은
아니지만 어린이를 사랑으로 키울 줄 알고 가족의 생일을 축하할
줄 아는 여성 쪽이 훨씬 인생을 행복하게 살 수 있을 것이라고 말
할 수가 있을 것이다.

A. S. Neill, *Summerhill : A Radical Approach to Child Rearing*, New York : Hort
Publisking Company. Inc., 1960.

그러나 미인이면서 자식으로부터 생일 축하 카드를 받는 어머니도 있다. 그렇다면 그럴 수 있는 사람과 그럴 수 없는 사람의 차이는 무엇인가. 한마디로 말한다면 그것은 행동의 원리로서 '하지 않으면 안 된다'를 강조하느냐 '하고 싶으니까 한다'를 강조하느냐의 차이다.

'일류 대학을 나오지 않으면 안 된다'라는 행동원리에 집착하게 되면 생활이 필연적으로 필사적이며 강박성을 띠게 될 것이다. 자식은 친구도 없는 공부벌레가 되고, 부모는 자식공부를 위해 말이 많고 까다로워서 부모를 멀리하며, 아버지(어머니)의 경우는 '가정 내 별거'처럼 배우자로부터 멀어져 가는 가정이 있다면 가족 모두에게는 사는 것이 지옥일 것이다. 니일이 말한 것처럼 이 세상에 문제아는 없으며 문제의 가정·문제의 부모·문제의 교사·문제의 학교가 있을 뿐이라는 것을 다시 한 번 생각하게 한다.

결과보다는 과정

일상생활에서 결과와 과정은 우리를 즐겁게 하기도 하며 실망을 안겨주기도 한다. 이 차이는 결과보다 과정에 중심을 두는 과정지향이냐, 아니면 과정보다는 결과에 중심을 두는 결과지향이냐하는 그 사람의 생활패턴에 따라서 달라진다.

결과보다 과정을 더 중시하는 사람은 인생의 순간순간의 의미를 음미하며 이에 만족하면서 인생을 살 수가 있으며 또한 그 결과로서 행복을 얻을 수가 있다. 그러나 과정보다 결과를 중시하는 사람은 무슨 일에 있어서나 업적을 중시하며, 행복을 추구함에 있어서도 행복 그 자체를 직접 추구하려고 한다. 때문에 이런 사람은 자신에 대한 질타에 게으르지 않으며 최고와 금메달만을 지상 목표로 알고 산다. 그러기에 물질적으로는 풍요해도 항상 쫓기는 기분이며 행복을 모르고 산다.

예컨대 내심의 문장서술에서 '금메달은 어떤 일이 있어도 따지 않으면 안 된다'의 결과지향인 사람과 '최선을 다해서 금메달을 따고 싶다'의 과정지향적인 사람의 차이다. 과정지향적인 사람은 자기가 좋아서 최선을 다하기 때문에 과정이 고통스럽기보다는 즐겁고 만족스럽고 희망을 가질 수가 있다. 엄격히 말해서 금메달이나 일류대학은 물이나 공기처럼 생존에 절대로 필요한 것은 아니다. 정직하게 말해서 금메달은 따면 좋지만 생존과 행복에 절대로 필요한 것은 아니다. 진인사대천명으로 만족할 줄 알면 그것이 행복이라고 생각한다.

이런 사람의 생활은 무리가 없고 희망이 있으며 자기를 얽매는 구속이 없기 때문에 자주성으로 넘치게 된다. 이렇듯 결과지향적인 사람보다는 과정지향적인 사람이 더 행복한 사람이다.

과정지향적인 인생을 살아가는 사람은 행복도 자기가 해야 할 일, 하고 싶은 일을 성실하게 하는데 있다. 이렇듯 착실하게 과정을 거쳐 가는 동안에 행복해질 원인과 이유가 있으면 때가 되면 저절로 행복은 찾아오게 된다고 생각한다. 요컨대 자업자득의 이치와 같다. 즉 행복은 물건을 살 수 있듯이 직접 돈이나 권력으로 살 수 있는 대상은 아니며 행복해질 이유가 있을 때 자연스럽게 찾아오게 된다. 이렇듯 행복은 목적이 아니라 결과로 본다.

예컨대 우리가 기뻐하고 웃을 이유도 없는데 억지로 기쁨이나 웃음을 체험할 수가 없는 것처럼 웃을 수 있는 어떤 행동의 결과로서 그럴만한 자극을 받았을 때 일어나는 웃음과도 같다. 이와는 달리 웃을 만한 자극이 없는 데 의도적으로 웃는 것은 억지웃음이 되어 보기에도 어색하고 무의미한 것이 되고 말 것이다.

만약에 행복을 직접 추구하려고 한다면 행복은 점점 멀어져 가는 신기루 같은 환상으로만 보이게 될 것이다. 행복에 대한 이와 같은 태도는 인간의 본성에도 역행하는 매우 어리석은 허상임에 틀림없다. 행복은 독립변수가 아니라 종속변수와 같아서 직접적인 행복의 추구는 '자기모순self-contradiction'에 빠지게 되며, 뿐만 아니라 행복을 얻을 수 있는 이유와 계기를 놓치게 되며 행복 그 자체는 사라져버림으로서 실망과 한탄만 찾아오게 될 것이다.

세계인들의 심금을 울렸으며 인간의 정신이 가질 수 있는 '자유성'과 '책임성'을 강조한 실존주의 정신의학자였던 **빅토르 프랑**

■Victor Emil Frankl(1905-1987)은 유태인 강제수용소 체험을 통해서 다음과 같은 교훈을 남기고 있다.

> 66
>
> 수용소 안에는 1944년 성탄절에는 집으로 돌아갈 것이라는 소문이 퍼져 있었다. 그래서 모두가 한 가닥 소박한 희망에 부풀어 있었다. 그렇지만 그 날이 와도 아무것도 달라지지 않는다는 것을 알게 되자 실망과 낙담이 퍼지고 저항력을 잃고 나서부터는 발광하고 자살하는 사람이 많이 발생하였다.
>
> 부다페스트의 오페라 작곡가 겸 각본가였던 한 유태인은 2월 중순경에 이상한 꿈을 꾸었다. 꿈속에서 그는 누군가에게 전쟁은 언제나 끝나는가를 물었더니 3월 30일이라는 말을 들었다고 한다. 그는 3월 중순경 발진티푸스에 걸렸는데, 3월 하순이 되어도 전황이 석방에 유리한 쪽으로 달라지지 않는 것을 알고 점점 기력을 잃어 3월 29일에 고열이 나서 3월 30일에 꿈속에서 전쟁이 끝났다고 들었다. 그는 그 날 의식을 잃고 사망했다.
>
> 99

❙ V. Frankl, *Ein Psycholog erlebt das Konzentrationslager,* Verlag für Jugend and Votk 1946 ; *Man's Search for Meaning : An introduction to Logoterapy,* Boston : Beacon Press, 1959 ; paperback edition, New York : Pocket Books, 1987, pp.126-129.

이러한 사례는 인간이 '시간적 존재'임을 절실하게 느끼게 하며, 인생에서 어떤 '목표'와 '희망'을 시간에 관련지어 갖는다고 하는 것은 그 만큼 정신적 저항력이 시간의 의미에 따라서 달라진다고 하는 교훈을 주고 있다.

그러나 인생의 목표가 오직 '……하지 않으면 안 된다'에 매여 있게 되면 이를 악물고 강박 일변도로 일에만 전념하면서 살아가기 때문에 목표가 달성되고 나서 그 동안 잃어버린 자기를 의식하게 될 때는 실존적 공허감을 느끼게도 된다는 것도 알아야 한다.

예컨대 한 교사가 '다른 동료보다 뒤져서는 안 된다', '학생들에게 우습게 보여서는 안 된다', '교사로서의 책임을 망각해서는 안 된다' 등 오로지 '……하지 않으면 안 된다'는 사고의 틀에 사로잡혀서 오직 교직에만 종사해왔던 그가 40세 전후 중년이 되어서 문득 자신의 인생은 그동안 무엇이었는가? 내가 정말로 좋아서 교직에 종사해 왔는가? 나는 그동안 어떤 교육을 해왔던 건가? 등 이와 같은 회의와 미혹에 빠진 것은 무엇 때문이었는가?

이와 같은 '실존적 공허das existentiella Vakuum'와 회의는 지나친 목표달성지향의 인생관으로부터 오게 된다. 이것과 대조적인 것이 '과정지향'의 인생관이다. 과정지향은 그날그날 순간순간을 최선을 다해 사는데서 보람을 찾는다. 그래서 과정지향의 인생은 '**지**

금 여기here and now'를 중요하게 생각한다. 그러나 자칫하여 찰나주의에 빠질 위험도 있다는 것을 겸비할 필요가 있다.

그러기 위해서는 자기가 달성하려고 하는 목표와의 관계에서 '지금 여기'를 어떻게 인식하느냐가 중요한 문제가 된다. 즉 긴 안목에서 지금 여기에서 상대에 양보하는 것이 행복한가, 또는 긴 안목에서 보아 지금 여기에서 상대에 따지고 응수하는 것이 잘한 일인가를 판단하는 경우와 같다. 이점에서 과정주의와 찰나주의는 다르다.

일반적으로 철저한 '……하지 않으면 안 된다'는 사고 스타일을 가진 사람은 동일 패턴의 행동을 하는 경향 때문에 행동의 레퍼토리가 단조롭고 상황에 걸맞는 유연성도 없기 때문에 강박적인 데가 있다. 또한 무슨 일을 할 때 앞뒤를 생각하는 점이 부족하고 저돌적인 데가 있기 때문에 유연성이 부족한 것이 특징이다.

상황에 따라 탄력적으로 행동을 수정하는 마음과 머리가 부족하다. 그러나 자기가 하고 싶어서 하는 과정지향적인 행동을 하는 사람은 성공·실패를 넘어서 '내가 지금 하고 있는 일에서 의미와 보람을 느끼며', '내가 좋아서 하는 일이며', '하기 싫은 일도 긴 안목에서 보아 지금 내가 하는 것이 내게 도움이 된다'고 하는 인생관을 가지고 있다.

우리가 인생의 과정을 음미하면서 살아가기 위해서는 이와 같은 생각을 인정하지 않으면 안 된다. 이와는 달리 또순이 같은 사람, 지나치게 심각한 사람, 비현실론자, 허세부리는 사람, 노인 같은 젊은이, 말만 앞세우는 사람 등은 결과지향적인 사람이다.

여기서 이와 같은 결과지향적인 사고 패턴이나 비현실적·비합리적인 인식이나 신념으로부터 자기를 해방시키기 위해 필요한 자문자답 형식의 자기설득에 대해서 생각해보자.

누구나 자기가 생각하고 있는 어떤 인식이나 신념이란 모두 경험을 통해서, 후천적으로 다른 사람이 쓴 책을 통해서 또는 학습을 통해서 세뇌되어 내면화된 것이다. 그렇다면 내게 이와 같은 신념을 가르쳐준 사람들의 인생은 과연 성공적이었으며 행복한 인생을 산 사람이었는가? 지금도 이 신념은 적용할 만한 것인가? 만약 신념대로 산 결과 내 인생을 헛되게 만들었을 때 내게 신념을 집어넣어 준 사람은 책임을 져줄 것인가?

예컨대 '돈은 절대로 차용해서는 안 된다'라고 하는 철칙 같은 신념을 가지고 있다고 하자. 그렇지만 자식으로서 부모의 갑작스러운 위독한 상황에 직면했을 때 수중에 돈이 없을 경우에는 임기응변하여 돈을 차용하여 생명을 구하는 것은 백번 잘한 일이다. 만약에 '차용은 절대로 바람직한 것이 못 된다'는 고루한 관념에 묶이어 부모의 치료를 하지 못해 돌아가시게 했다면 이를 어떻게 보아야 할 것인가. 이와 같은 도덕적 갈등 상황에서는 자기만을 위해서가 아니라 사회적·애타적인 관점에서 다른 사람에게도 미칠 인륜人倫과 유용성까지도 생각하여 행동해야 한다고 본다.

인간에게는 정신의 '자유성'과 '책임성'이 있다는 것을 의식할 필요가 있다. 아무리 훌륭한 당위의 규범성normativity이라 할지라도 그것은 상황에 따라서 유연성 있게 재조명되며 해석되어야 할 것이다. 이러한 태도는 인간의 고차적인 정신 차원에 있는 자유성과 책임성을 살리면서 인생의 순간순간과 하루하루를 음미하면서 살아가는 데 절대로 필요하다.

이와 같이 인생의 순간순간을 의미있게 살기 위해서는 그렇게 살 수 있는 사고와 소신이 필요하다. 왜냐하면 소신과 사고는 감정에 영향을 주게 되고, 감정은 행동에 영향을 주기 때문이다.

사람들은 내가 바라는 대로 행동하지는 않는다

사람들 가운데는 자신이 바라는 대로만 행동해 주기를 바라는 잘못된 생각을 가지고 사는 사람이 의외로 많다. 예컨대 딱딱하고 고지식한 사람, 수다스러운 사람, 도학자 같은 사람, 무슨 일이나 말참견하는 약방에 감초 같은 일언거사―言居士, 만성적인 불평불만론자, 격정적인 사람 등이 여기 속한다.

  이런 사람들은 남이 하는 것은 두고만 볼 수가 없으며, 자기 생각만이 제일이어서 모든 것에 참견하고 안달복달한다. 때문에 항상 바쁘기도 하고 마음의 여유와 평화가 없다. 이런 사람은 "내가 사람들이 바라는 대로 행동하고 있지 않기 때문에 사람들도 내가 바라는 대로 행동하지 않는 다는 것은 당연한 일이다"라고 수정함으로써 마음의 여유와 평화를 가질 수가 있을 것이다. 그것은 왜 그럴까?

현실은 자기를 위해 있지 않다

내가 생각하고 바라는 대로 행동하지 않으면 안 된다고 하는 생각이 왜 잘못된 것이냐 하면, 그런 신념이나 사고방식이 비현실적이고 비논리적이며 비상식적이기 때문이다.

세상 사람들은 모두가 동격인데도 불구하고 그들을 자기의 비위나 맞춰주는 사람처럼 생각하고 무엇을 기대한다면 얼마나 비상식적이고 우스운 일인가. 이런 비현실적이고 비정상식적인 사실을 정확히 인식하고 있지 않기 때문에 사람들의 일에 일일이 참견하고 트집을 잡게 된다.

인생은 자기중심으로 살아가라고 만들어진 것이 아니다. 우선 가장 가까운 부모-자식 관계 문제에 대해서 생각해보자. 자식은 '어머니로부터from mother' 태어난 것이 아니라 '어머니를 통해서through mother' 태어난 것이다. 때문에 자식은 어머니의 소유물이 아니다. 이것은 어머니가 자식을 마음대로 지배해서는 안 된다는 것을 말해주고 있다. 하물며 남의 자식에 대서도 자기가 바라는 대로 생각하고, 느끼며, 행동해야 한다고 생각하는 것은 매우 비현실적이며 비상식적이다.

혹자는 이와 같은 관점에서 부모와 교사는 어린이들의 교육을 도대체 어떻게 할 수가 있으며, 직장에서 윗사람이 직원들의 실무교육을 어떻게 할 수 있겠는가? 라고 반문할 수도 있을 것이다. 그러나 다음과 같은 조건에서는 행동 변화의 방향을 기대해도 좋을 것이다.

① **상호 계약이 성립되어 있을 경우** : 예컨대 학교교육은 교육자와 피교육자와의 계약에 의해서 이루어지는 의도적 교육intentional education이며 형식적 교육formal education(교육이념·목적·목표→교육과정→교육방법→교육평가의 발전적 순환과정)이기 때문에 교사의 부당한 처신이 아닌 한 여기에 반대할 사람은 없을 것이다. 또는 통원치료를 받고 있는 환자에게 의사나 간호사가 치료에 해가 되는 음식을 삼가라고 지도할 수 있는 것도 사전에 계약이 성립되어 있기 때문에 가능하다.

② **금지·명령·요청의 역할이 사회적으로 인정되어 있는 경우** : 이 경우는 수혜자로부터 필요한 경우 행동의 제한·명령·요청의 동의를 얻었을 경우다. 예컨대 부모가 자식으로 하여금 바람직한 습관을 길들일 수 있도록 하는 것도 사회통념이 이를 시인하고 있기 때문에 가능하다. 또는 풀장이나 해수욕장의 안전사고를 감시하는 사람이 시설을 이용하는 사람에 대하여 필요할 경우에는 특정 행동을 금지·제한할 수 있는 것도 여기에 해당한다.

③ **본인이 어떤 문제에 직면하여 어려운 처지에 있을 경우** : 예컨대 문제해결의 방법을 찾지 못하여 실의에 빠져 있을 때, 특히 욕망과 도덕적 규범 사이에서 딜레마에 빠져 있는 경우에 본인에

게 어떤 행동을 기대하는 것은 본인을 위한 것이며 그렇게 해주기를 바라는 사람의 이익을 위한 것은 아니다. 이런 경우에는 본인이 바라지는 않지만 휴머니즘의 관점에서 문제해결의 방법을 조언할 수가 있다.

사람에게는 그 사람 나름의 인생철학이 있기 마련이다. 그렇다고 해서 '당신도 나와 같은 인생철학으로 살아가십시오'라고 강요하는 것은 개인의 자율적인 가치선택의 다원성과 개인은 자기 결정의 주체라는 것을 무시한 잘못된 개인주의의 철학이라고 볼 수 있다.

그러나 남의 인생철학에 자기 의견을 말하는 것과는 그 성질이 다르다. 예컨대 친구 사이에 상대에게 질문을 던져 그 사람의 인생관을 알려고 하는 것은 상식에서 벗어난 일은 아니다. 다만 개인주의 철학에서 보아 피해야 할 점은 상대가 자기 결정의 주체라는 것을 무시하고 자기 생각·행동만을 강요하는 처사다. 뿐만 아니라 강요 이전에 그렇게 생각하는 것도 개인주의 사상에 배치된다.

왜냐하면 상대의 생각이나 행동이 자기 생각과는 다르다고 해서 등을 돌리게 되고, 결과적으로는 적을 만들게 되며 자신감 상실이나 무력감에 빠져 이것이 자기혐오를 만들기도 하는 등 정신건강을 해치기 때문이다.

인생의 방향이나 가치의 선택은 다른 사람에 의해서라기보다도 자신의 자유로운 결단에 의해서 선택되고 그 결과를 책임지는 것이 바람직한 생활 태도다. 이런 삶의 태도야말로 그렇지 않은 사람보다는 그만큼 삶의 의미와 가치를 더 많이 체험하게 될 것이다.

그러나 사람은 아무리 갈고 닦아도 완전무결한 사람이 될 수 없을 진대 자기우월감에 도취되어 독불장군으로 인생을 살 수는 없다. 때문에 사람은 필요와 상황에 따라 탄력적으로 다른 사람의 의견이나 도움을 받아 미처 생각 못했던 것을 생각하며 결핍된 것을 보완해 나아가는 삶의 태도와 지혜가 필요하다.

이런 생각을 가진 사람은 상대가 기대에 어긋난 행동을 했다 해서 실망하고 화를 내는 등 무의미한 심리적 에너지의 손실을 격지 않아도 될 것이다. 뿐만 아니라 대인관계의 트러블도 막을 수가 있을 것이다. 요컨대 남의 인생에 개입하지 않는다는 것은 상대에 영향을 주어 바꾸려고 하지 않고 진정으로 상대를 이해하는 데 있다.

그렇다면 남의 인생에 개입하지 않고 무엇을 해야 할 것인가. 해야 할 일이 두 가지가 있다. 하나는 '변화시키려고 하지 말고 이해하려고 하라'이다. 둘은 상대와 일정 기간 생활을 같이 함으로써 이것이 자신에게 어떤 의미가 있는가를 생각해 보는 일이다.

상대를 변화시키려고 하지 말고 이해하려고 하라

사람들 가운데는 일상생활의 인간관계에 있어서 상대를 자기 뜻에 맞게 만들려고 하는 사람도 있고 이와는 달리 상대를 이해하려고 하는 사람도 있다. 이런 두 가지 유형의 사람이 있다고 할 경우에 원만한 인간관계를 맺을 수 있는 유형은 어떤 것일까?

그것은 물론 후자일 것이다. 사람은 누구나 자기를 이해해주는 사람이 있다는 것을 만족스럽게 생각한다. 사랑도 어떤 점에서는 이해와 보살핌의 한 표현이라고 볼 수 있다.

'이해comprehension'란 '해석학Hermeneutik'의 가장 기본적인 개념이며 때로는 '요해Verstehen(understanding)'로 보기도 한다. 여기서 말하는 이해는 지식이나 정보의 지엽말단적인 뜻을 해석하는 수준의 이해보다는 상대를 그가 처해 있는 상황이나 그가 고민하고 있는 문제를 전체적 연관을 살려가면서 전체관적 시각에서 요해하는 이해다.

즉 상대방의 입장에서 생각한다hinein-denken는 이해다. 우리가 흔히 쓰고 있는 역지사지易地思之와 같은 공감하는 이해다. 이는 마치 정신분석의 현존재분석Daseinsanalyse에서, 인간을 그 사람 고유의 '세계내 존재being-in-the-world(in-der-welt-sein)'로 보아 그가 맺고 있는 상황과의 관련 속에서 염려하는 마음으로 상대를 이해하려는 것과 같다. 사랑도 이런 이해를 해주는 사람을 갖고 있을 때 변치 않는 진실한 사랑을 할 수가 있을 것이다.

엘리스Albert Eliss의 '합리적 정서행동치료법'에서는 자살을 기도하고 있는 사람에게는 '죽지 말라'고 하지는 않는다. 왜냐하면 인간에게는 삶을 선택할 자유가 있는 것처럼 죽음을 선택한 자유도 있다는 사상에서이다. 때문에 '죽지 말라'고 말하는 대신 '죽는다고 하는 최악의 선택이 당신에게 어떤 의미가 있는 것입니까?' '내게 설명해 줄 수 있습니까?' '삶에는 의미가 없다는 것을 말해 줄 수 있겠습니까?'라고 묻게 된다.

왜냐하면 이런 질문을 하게 되면 삶도 죽음도 결국 자기 마음 하나에 달려 있다고 하는 것을 절실하게 깨닫게 되며, 삶이란 무엇이며 죽음이란 무엇인가를 진지하게 다시 생각해 보게 된다. 이렇듯 죽음의 선택에 신중히 생각하게 된다. 이렇게 되면 일단 위기는 넘길 수가 있다.

통상적으로 우리가 누구를 알고 있다는 것도 그 사람의 이름·고향·출신학교 등 극히 피상적이고 지엽적인 것을 알고 있는 것을 의미할 때가 많다. 이보다는 그의 가치관·의식구조·성격·행동경향성 등 내면적 세계의 전체적 관련을 구조적으로 이해하고 공감하는 경우라야만이 누구를 알고 있다고 말할 수가 있을 것이다. 피상적인 겉모습만으로는 완전히 상대를 이해할 수는 없을 것이다.

개인주의란 개인과 사회의 유기적 관계를 무너트리지 않는 범위 내에서 자신의 기호를 주장하되 타인에게 강제로 자기 생각을 주입시키지 않는 주의이며, 타인의 인생에 무관심하라는 주의는 아니다. 역설적으로는 타인의 인생을 존중하는 주의이다.

이런 점에서 사람이 자기 생각을 무리해가면서까지 상대에게 강요하거나 자기 구미에 맞는 사람으로 만들려고 하는 것보다는 상대를 그 사람의 전체관적 처지에서 이해하는 것은 신뢰할 수 있고 평화로운 공존관계의 사회를 만들어 가는데 있어서 매우 큰 역할을 하게 된다. 뿐만 아니라 자기 자신의 마음을 치유하는 데도 도움이 될 것이다.

이를 또한 **문화인류학적인 관점**에서 말한다면 필요에 따라서는 일시적으로 자신의 문화(인생철학)를 버리고 상대의 문화(사고·인식)로 상대의 세계를 보고 이해하려는 **문화상대주의적 노력**이 필요하다는 것이다. 흔히들 외국 여행을 하고 나서 그 나라의 좋지 않은 생활관습에 대해서 말할 때 우리나라의 시각에서 말할 것이 아니라 그 나라의 문화적 배경을 알고 나서 좋다, 나쁘다를 말하는 것이 남의 나라의 문화를 이해하는 올바른 태도라고 볼 수 있다.

이 사람과의 공존은 내게 어떤 의미가 있는가

상대를 열린 마음으로 이해하려는 신념을 가지고 대하게 되면 상대를 자기 생각에 맞게 변화시키고자 하는 경우보다는 정신건강상 자신에게 득이 되는 것이 많다. 사람의 진정한 가치의 하나는 남을 지배하기보다는 상대를 공감적으로 이해하는 밝은 마음의 자리를 지키는 데 있다고 본다.

더불어 함께 공감하고 공존하는 원리를 가지고 사는 사람은 흔히 불가佛家에서 말하는 팔고八苦(생고生苦·노고老苦·병고病苦·사고死苦·애별리고愛別離苦·원증회고怨憎會苦·구부득고求不得苦·오온성고五蘊盛苦)의 하나인 싫은 사람과도 함께 살아가지 않으면 안 되는 고통인 원증회고怨憎會苦로부터 자유로울 수가 있으니 이것도 인생의 행복의 한 부분이라고 볼 수 있다.

사람은 혼자서는 살 수가 없는 사회적 존재이기 때문에 싫든 좋든 사람과의 관계 속에서 살아야 할 경우, 원망과 증오의 대상이 되는 사람과도 같이 살아가지 않으면 안 될 고통을 접어 생각하며 산다는 것이 얼마나 행복한 일인가.

우리가 일상생활에서 대면하고 싶지 않는 사람들이란 사람에 따라서 다르겠지만 그 사례란 열거하기 어려울 정도로 많다. 그러나 공존이 견강부회, 즉 자기가 진정으로 마음에서 우러난 공존이 아닐 경우에는 결국 자기를 기만한 인생이 되고 만다는 것을 알아야 한다. 이런 사이비적인 공존의 탈을 쓰고 처세하는 사람들은 항상 경계해야 할 요주의 인물이다.

여기서 강조하고자 하는 것은 체질적으로 위선의 탈을 쓴 자기 기만적인 사람과 함께 생활을 했다는 것보다도 이런 사람과의 공존이 내 인생에 무의미하다고 생각하기 때문에 불행한 인생이 되고 말았다는 점이다.

즉 상대의 사람됨 그 자체가 행·불행을 결정하는 것이 아니라 자기가 공존을 어떻게 받아들이느냐의 의미(가치) 부여에 의해서 행·불행이 될 수도 있다는 것이다. 마치 조각 예술가가 주어진 소재를 예술적인 혼을 불어넣어 이미지를 어떻게 부각시키느냐에 따라서 예술적 작품의 의미와 가치가 달라지는 것과도 같다.

자기표명의 용기

앞에서 사람이 상대를 자기 생각대로 행동해 주기를 바라는 것은 독선적이어서 바람직한 것이 못된다고 말했다. 그렇지만 현실적인 문제로서, 상대의 언행 때문에 적지 않은 피해를 입을 때가 있을 경우에는 솔직하게 자기 생각을 표명하는 것이 좋다.

개인주의란 다른 사람에게 폐가 되지 않는 범위 안에서의 자유를 존중하는 데 있다. 때문에 상대로부터 폐를 입는 사람도 이를 표명할 자유는 있는 것이다. 물론 이때 표명은 상대에 대한 비난이나 공격이 되어서는 안 되며 순수한 자기 생각이나 감정을 정중하고 간략하게 말하는 것이 좋다.

자기표명self-disclosure을 하지 않고 속으로 상대의 행동을 비판하거나 신경질을 내고 분개하는 것은 건설적인 생활형태는 못된다. 말하지 않는 사람보다는 이쪽 사정을 알도록 표명하는 것이

보다 건설적인 방법이다. 이 경우에 건설적이란, 문제해결에 조금이라도 도움이 된다는 것을 의미이다.

이때 **자기표명**은 자기주장이나 설득과는 다르며 자기 생각을 열린 마음으로 전달할 뿐이며 그 다음은 상대에게 맡기는 것을 의미한다. 그래도 별로 달라지는 것이 없을 때는 그 자리를 피하는 것이 비난하며 얼굴을 붉히는 것보다는 바람직한 태도다.

요컨대 이 방법이 상대를 내게 맞게 변화시키는 것보다는 더 지혜롭고 내 마음을 편안하게 만드는 방법이다. 옛말에 '사나운 짐승을 길들이기는 쉬워도 사람의 마음을 굴복시키기가 어렵고, 골짜기를 메우기는 쉬워도 사람의 마음은 만족시키기가 어렵다'라고 했다. 과연 음미해볼 만한 교훈이다.

3

학습생활에 대한 소신

현대는 평생교육life-long education의 시대라고 한다. 이는 평생에 걸친 인간의 교육권을 보장하는 '교육의 평생화', 교육의 일상화와 생활화를 지향하는 '교육의 확산화', 학교생활 외의 생활 속에 숨어 있는 교육기능의 조직화를 강조하는 '교육의 집중화'를 이념으로 한 교육활동의 시대임을 말한다.

뿐만 아니라 평생교육은 현대 사회의 과학·기술·정보의 가속적 변화에 대한 적응, 위기에 직면한 생태환경문제, 무한경쟁 시대의 정치·경제적 영역에서 일어나는 문제, 이념과 가치관의 대립 등, 현대적 도전으로부터 개인과 사회를 구제하기 위하여 어느 때보다도 절실하다.

이런 점에서 평생교육은 학교교육의 상위 개념이며, 교육은 일정 기간의 학교교육에서만 그칠 수만 없으며 평생을 통해서 계속되어야 하며 이는 개인과 사회의 지속적인 발전을 위해서 요청되는 현대사회의 지상과제다. 때문에 학습은 학생에게만이 아니라 평생을 통해서 게을리 할 수 없는 현대인에 주어진 지상의 명제다.

기술보다는 이론·원리·이념을 학습해야 한다

대부분의 사람들은 영어회화의 능력은 기술이며 영문학은 학습에 해당한다고 생각하며, 물리학이나 기계공학의 이론은 학문에 해당하고 차를 운전하는 솜씨는 기술에 해당한다고 생각한다. 이렇듯 기술과 학문을 별개의 것으로 생각한다거나 학문보다 기술을 경시하는 것은 잘못된 인식이다.

기술과 학문은 결코 별개의 것이 아니다. 그러나 현실적으로 영문학 교수라도 영어회화가 잘 안 되는 사람이 있고 기계공학이론의 대가라도 차운전을 하지 못하는 경우가 있기 때문에 기술과 학문은 별개의 것으로 생각하기가 쉬울 것이다. 하지만 이러한 인식은 잘못된 인식이다.

기술도 학문으로부터 나온다

학문이란 지식체계를 말하며, 지식체계란 사실·기술·개념·법칙·이론·철학의 논리적인 구조를 말한다. 때문에 이 지식체계에는 엄정한 '내적 규율inner discipline'이 있다. 그래서 규율을 뜻하는 'discipline'은 학문이라는 뜻도 있다.

내적 규율이란, 학문을 진술하는 언어의 구성과정에 대한 엄밀한 분석에 있어서 '단어'에 실리는 '개념', 문장에 실리는 '정의'나 '법칙', '정의'와 '법칙'으로 진술되는 '이론'은 학문을 구성하는 이론 전개를 할 때 반드시 지켜야 한다는 논리적 규약이다.

예를 들어 생각해 보자.

최근에 독거노인의 자살사건이 늘어나고 있다는 문제가 방송에서 발표되었다고 하자. 이 문제를 안 한 대학생이 사회심리학적인 연구 대상으로 삼아 이 문제의 원인이 어디에 있는가를 조사하여 문제해결의 건설적인 방안을 연구하기 위하여 「독거노인 자살의 원인과 예방」을 졸업논문으로 쓰고자 마음먹었다고 하자. 그렇다면 이것은 연구의 문제의식으로서 학문의 '서론'이 될 수가 있다.

이 문제의 연구에서 어떤 원인을 발견했다고 하자. 이 경우에 이를 '사실의 발견' 또는 '현상의 기술'이라고 한다. 만약 많은 학생들이 일상 현상 속에서 이런 사실을 발견하고 이를 누적시켰다고 하자. 그리고 많은 '사실' 속에서 공통적인 속성을 추상하여 최대공약수를 발견하게 되면 이는 '개념'을 구성하게 된다. 그리고 구성된 개념은 '정의definition'에 의해서 '의미meaning'를 부여받게 된다.

또한 사실과 사실, 개념과 개념 사이를 연결하는 일련의 법칙에 의해서 '의의significanse' 있는 개념이 된다. 좋은 개념이란 의미도 명료하고 충분하며 의의도 넓고 풍부한 개념을 말한다. 따라서 법칙에 들어가는 개념은 의미있는 개념이며 그리고 이 법칙들이 연역적으로 연결됨으로써 이론을 구성하게 되고, 이 이론에 의해서 문제에 대해서 진단·기술·설명·예언할 수 있게 된다.

이 이론을 근거로 자살을 예방하기 위해 이렇게 하면 이렇게 될 것이다 라는 가설을 세워 실험을 통해 가설이 진眞으로 긍정될 때 이를 정형화하여 하나의 '기술'을 만들게 되면 이것이 독거노인의 자살을 예방할 수 있는 방법이되고 치료기술이 된다.

이렇듯 기술은 이론으로부터 계발된다. 그러나 이론 가운데는 많은 기술을 갖는 것도 있고 기술을 그렇게 많이 갖는 실용성이 부족한 이론도 있으나, 기술을 많이 갖지 않는 이론은 학문성이 낮아서 경박하다느니 기술성을 갖지 않는 이론은 학문성이 높다고 생각하는 것은 큰 착각이다. 기술은 학문과는 거리가 멀다고 생각하는 인식은 비합리적인 생각이다.

학문의 강점과 약점

앞에서 기술을 포함한 지식체계를 학문이라고 말하였거니와, 그러나 이 학문에는 좋은 점과 좋지 않은 점이 있다고 말하는 사람이 있다면 우리는 이 문제에 대하여 어떻게 반론해야 할 것인가. 그 반론의 체크포인트는 다음 네 가지라고 생각한다.

첫째는, 실증성의 유무에 관해서다.

학문에 실증성이 없다면 그것은 한낱 개인적인 견해나 주장의 의미밖에 없다. 그러나 연역적으로 연결된 관련 법칙들로 구성된 이론이 경험적으로도 진이며 논리적으로도 진일 때 그 학문은 문제 사실을 진단·설명·해결·예언하는데 크게 도움이 된다. 그러나 실증성이 없다면 그 학문은 그 사람의 개인적인 견해에 지나지 않으며 주장이나 추론 정도의 지식체계밖에 되지 않는다.

둘째로, 논리성의 유무에 관해서다.

한 이론이 연역적으로 연결된 법칙으로 구성된 경우 그 구성이 논리적으로 일관성을 가지고 있는가가 문제점이 된다. 사실·개념·법칙·이론·기술의 종합 정리에 있어서 논리에 합당한가 아니면 억지로 맞추는 견강부회인가가 문제다.

셋째로, 지식체계의 적용 범위에 관해서다.

학문으로서의 이론이 특정 지역, 특정 계층 사람들만 사용할 수 있는 것이라면 그것은 사용 범위가 한정되어 있다는 점에서 하나의 약점이 된다. 그러나 개인적인 문제를 해결할 때나 집단·문화의 문제를 해결할 때도 사용할 수 있는 것이라면 그만큼 그 학문의 강점이 될 것이다. 가능한 한 적용 범위가 넓은 학문이 유익한 것이다.

넷째로, 학문의 실용성에 관해서다.

이론을 단지 하나의 사치스러운 지식으로서만 기억해 둘 것이 아니라 현실적인 문제를 해결하는데 도움이 된다면 이런 학문은 그만큼 실용성이 높은 학문이라고 볼 수 있다. 이 관점은 '지식의 도구설instrument of knowledge'를 강조하는 실용주의의 관점이다. 만약 문제해결에 전혀 보탬이 안 되는 학문이라면 그것은 개인적인 추론의 수준을 벗어나기가 어려울 것이다.

예컨대 다문화 문제를 해결할 때 영문학 지식보다 영어회화 기술이 더 도움이 된다고 판단했다면 상황과 문제에 따라서 학문으로서의 기술교육도 중시할 필요가 있다. 따라서 기술지향의 학문이 이념지향의 학문보다 뒤진다고 생각하는 발상은 실용주의의 관점에서 볼 때 매우 비합리적이라고 본다.

이론이 없으면 기술도 없다

기술을 경시하는 사람들의 사고에는 기술만의 영역이 따로 존재하고 있는 것처럼 생각한다. 그러나 이런 발상은 착각이다. 왜냐하면 기술의 출처는 이론이며 감정이기 때문이다. **이론이나 감정의 기반이 없다면 기술이 나올 수도 없고 발전할 수도 없다.**

예컨대, 야뇨증의 어린이를 키우고 있는 부모에게 치료이론은 '옆에서 곁잠을 재워라', '함께 목욕을 하라', '책을 읽어주어라' 라고 육아기법을 강조하는 것은 야뇨는 애정결핍에서 유래한다고 하는 이론에 근거하고 있다.

기술을 경시하는 부모라면 '애정이면 다 된다'고 생각할 것이다. 그러나 애정이라는 감정이 아무리 있어도 애정을 표현하고 전달하는 기술이 서툴다면 어린이는 부모로부터 사랑받고 있다는 것을 못 느끼게 될 것이다. 또한 애정이 없는데 기술만 있으면 애정이 있는 것처럼 생각할 수 있게 한다는 것도 무리한 생각이다.

마음을 표현하는 것도 기술이다. 전하고자 하는 감정에 딱 맞는 표현법(기술)을 찾아내는 것은 창조적 작업이다. 물론 이때 이론도 필요하다. 때문에 매우 바람직한 일이다. 결코 기법이 기계적이며 비인간적인 작업은 아니다. 이런 점에서 상담심리학의 이론에는 마음을 올바르게 표현하는 기술을 훈련시켜는 **'자기주장훈련** assertiveness training'과 **'사교술훈련**social skill training'이라는 기법도 있다.

전자는 행동치료법의 일환으로서 신경증자의 자기 감정의 표현을 가르쳐 주는 형식으로 시작되었으며 대인불안이나 공포로 인하여 자기 부정적 인지 때문에 자기 표현을 잘 할 수 없는 사람이나 자기 주장이 너무 강해서 상대를 무시해버리는 언동을 하는 사람에게 자기와 상대를 고려하는 자기 표현, 즉 원만한 대인 관계를 맺는 방법을 훈련하는 기법이다.

후자는 상대방의 마음을 아프게 하지 않게 거부하는 방법, 남에게 부탁하는 방법, 이의 제기나 권리 주장의 방법, 계약을 체결하는 방법 등 자기를 내세우는 방법에 대한 훈련이다.

좀 더 구체적으로는 인사법·대화법·의상·남의 행동과 말을 이해하는 법, 문제처리법, 남의 말을 경청하는 법 등에 대한 훈련이다. 이와 같은 기술의 부족으로 남을 불쾌하게 만들고 자신도 고립된 나머지 스트레스를 받아 심리장애를 가져오게 된다는 점에서 소셜스킬의 훈련은 매우 중요하다.

그렇다고 해서 기술 지향이 아닌 철학이나 사상을 경시해도 안 된다. 요컨대 기술만이 인간을 행복하게 해준다는 일반화된 인식도 경계하지 않으면 안 된다. 기술을 갖지 않은 철학·사상도 인간의 인식방식이나 판단방식(사고)을 변화시킬 수 있다는 점에서 경시해서는 안 된다. 요컨대 사고가 변화하면 감정도, 행동도 변화한다. 때문에 이념지향의 학문도 경시해서는 안 된다.

기술 중시론에 대한 경계

기술을 경시하는 것도 경계해야 할 일이지만 기술지상주의도 경계해야 할 것이다.

첫째로 경계할 것은 기술지향 시대가 될 것 같으면 기술·행동의 우열에 의해서 인간의 가치가 결정되는 것처럼 착각하게 된다는 점이다. 요즘과 같이 급속하게 발달하는 정보기술시대에서 새로운 통신수단을 조작할 줄 모르는 사람은 왠지 모르게 시대에 뒤떨어져서 좀 얼빠진 사람으로 생각하기 쉽다. 인간의 가치는 기술로 말할 수 있는 성질은 아니다.

둘째로 주의할 점은, 때로는 기술의 세계에서 기술이 없는 세계로 이행하는 일도 필요하다는 것이다. 왜냐하면 기술의 세계는 잘못이 허용되지 않기 때문에 항상 긴장이 지속된다. 사람은 정신건강상 항상 긴장 속에서만 살 수가 없다. 때로는 긴장으로부터 자기를 해방시킬 수 있는 방법도 필요하다. 예컨대 '친교', '명상', '레크리에이션'과 같은 시간을 갖는 것이 필요하다. 이들 방법은 긴장을 완화시켜줄 수 있는 효과적인 방법이다.

요컨대 기술만이 인간을 행복하게 해준다는 일반화 된 생각은 잘못된 인식이다.

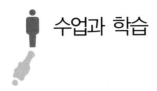

수업과 학습

수업은 교과를 중심으로 학습자에게 가르쳐주는 교사의 활동이다. 그렇다면 교과란 무엇인가.

'**교과**subject'란 문화유산의 내용과 현재의 지적 탐구에 의해 성취한 것 가운데서 가장 유용하며 보편타당한 가치가 있는 것만을 추출해내어 이를 학습자의 발달단계에 적합하게 상향적으로 '범위'와 '순서'를 엄선하여 이를 논리적이며 나선형적으로 확대 심화시킨 '지식의 조직체an organized body of knowledge'라고 볼 수 있다. 따라서 교과를 학습한다는 것은 인류가 긴 역사를 통해서 축적한 가장 가치 있는 유산인 지식체계를 이해하는 일이라고 볼 수 있을 것이다.

그러나 교과를 배운다는 것이 지식만 학습하는 데 있다고 본다는 것은 교육의 본질에서 볼 때 파행적인 교육의 의미밖에 없다. 왜냐하면 학생들은 한 시간의 수업을 통해서도 단순히 교과 지식만 배우는 것은 아니며 부수적으로는 비지적인 것도 배우며 경험하기 때문이다.

교과교육의 중핵은 교사의 가르치는 기술에만 있는 것도 아니며 교육과정계획과 운영에만 있는 것도 아니다. 또는 시청각 보조자료를 이용하여 학습을 효과 있게 하는 것만도 아니고, 교재를 풍부하게 준비하는 것만도 아니다. 물론 이와 같은 하나하나는 중요한 학습자원이 될 수는 있지만 여기서 보다 중요한 것이 빠져 있다.

그것은 다름 아닌 교사와 학생간의 인간관계에서 있어야 할 신뢰·공경·공감적 이해·자유·책임의식이다. 지금 우리에게 요청되고 있는 것은 화려한 말잔치나 지식·이론의 전개보다는 구체적으로 인간을 위한, 인간에 의한, 인간의 교육을 실천하는 일이다. 학부모가 학교교육의 학습을 이해할 때는 이 점을 반드시 참고하기 바란다.

수업과 학습은 1대1의 관계는 아니다

이 말은 수업이란 가르치는 사람에게는 일의적一義的이지만 학습자에게는 다의적多義的이라는 뜻이다. 교사가 가르치는 것은 어느 학생에게나 똑같은 하나이지만 배우는 학생은 다양하게 배운다는 말이다. 예컨대, 40명의 수업집단의 경우라면 한 사람의 교사에 의해서 영향을 받는 학생들이 경험하고 배우는 것은 40가지의 다른 것이 있을 수가 있다는 것을 알아야 한다.

요컨대, 학생들은 자기 자신의 기초학력·지능·학업적성·흥미·성격 등에 따라서 똑같은 한 시간의 수업에서도 제각기 다르게 경험하고 학습하게 된다, 예컨대, 학생은 그 시간 수업의 주목표만 학습하는 것이 아니라 이에 수반하여 부수적으로 다른 것도 경험하며 배우게 된다.

즉 교사는 수학을 열심히 가르치지만 어떤 학생은 기초가 약해서 '수학공부를 하기 싫다'라는 것을 배울 수도 있다. 이와 같은 관점에서 교사는 한 시간의 수업이 또는 한 학기의 수업이 학생들의 인지적 발달만이 아니라 부차적으로는 정의적情意的, 사회적, 미적, 도덕적, 신체적 발달에도 영향을 주고 있다는 것을 부모도 알고 교사도 알아야 할 것이다.

교사의 역할은 다원적이다

교사는 가르치고 나서 배우며 또한 학생들의 인생을 상담 지도하고 나서 배운다. 요컨대 교사는 교과 지식만을 가르치는 데 그치지 않으며, 가르치고 나서 수업을 반성하고 배우며 또한 학생들 한 사람 한 사람의 인생을 상담하며 전인으로서의 인간 형성을 위해 조언 지도하고 나서 배우며 내일을 위해 준비한다.

『서경書經』에 '효학지반斅學之半'이라는 말이 있다. 가르치는 것도 자기학습의 반이 된다는 뜻이다. 가르치고 나서 배우고 다음에 다시 더 발전적으로 가르치고 나서 배우는 지속적인 자기개혁의 신념이야 말로 교사가 간직해야 할 매우 소중한 교육철학이다. 여기서 교敎와 효斅에 담겨있는 참뜻을 『설문해자說文解字』의 설명을 중심으로 생각해보자.

> 효학자지반斅學之半의 가르칠 '斅효'는 피교육자의 활동인 배울 학學과 교육자의 활동인 가르칠 교敎의 뜻을 담고 있는 매우 뜻깊은 자의를 가지고 있다. 敎는 '爻 + 攴 = 斅'로 되어 있으며, 여기서 '爻'는 인격과 학문을 '본 받을 효效'의 뜻을 가지며 '子'는 미숙하고 우매 무능한 '어린이(사람)'를 뜻하며, 따라서 '爻'는 피교육자의 넓은 의미의 가르침을 본받고 배우는 '하소효下所效'를 의미하고 있다. '복卜'은 채찍 편鞭을 뜻하며 '又'는 '손 수手'를 뜻한다.

후한의 허신許慎(30~124)이 저술한 중국에서 가장 오래된 문자학 연구서이며 전 15권으로 되어 있으며 기원 100년에 완성되었다. 육서六書(상형象形·지사指事·회의會意·해성諧聲·전주轉注·가차假借)의 이름을 원용하여 9,300여의 한자에 대해서 자형의 구조를 분석하고 한자 본래의 의미를 규명한 문헌이다. 훈고학訓詁學의 연구에 귀중한 문헌이며 중국 문자학의 기본적인 고전의 하나다.

때문에 '𝌀'는 깨우치는 편복鞭扑의 뜻으로 교육자의 넓은 의미의 지도편달인 가르침을 베푸는 '상소시上所施'를 뜻한다. 따라서 교敎와 효斅는 같은 의미의 '가르친다'의 훈訓을 가지고 있으나 '가르칠 교'보다 '가르칠 효'가 학습자의 활동을 더 구체적으로 설명해주고 있다.

왜냐하면 효斅에는 다음과 같은 의미를 가지고 있기 때문이다. 즉, '𝌁'는 공경을 나타내는 '좌우양수'를 뜻하며, '𝌂'는 인격과 지식의 '본받음'을 뜻하고, '⌒'는 '우매함'을 뜻하며, '𝌃'는 어린이, '미숙한 사람'을 뜻한다. 따라서 '學의 자의는 미숙하고 무지 몽매하며 어리석은 사람이 공경하는 마음으로 스승의 인격·학문·사상을 본받고 배운다'는 뜻이며, 이렇게 할 수 있도록 '편달지도 𝌀'하는 것이 가르칠 효斅의 뜻이다. 이렇듯 우리는 '가르칠 교敎', '배울 학學', '가르칠 효斅'에서 단순한 인지적인 면만이 아니다. 개체완성을 위한 전인교육의 깊은 뜻이 담겨 있음을 찾아볼 수가 있다.

"

인간존중을 위한 교과교육

교육에 대한 건설적인 비판과 평가는 교육의 질적인 발전을 위해서 필수적이라고 생각한다. 다만 중요한 것은 비판의 목적과 내용이 무엇이냐에 있다. 왜냐하면 지엽말단적인 비판보다는 보다 본질적인 비판이 우선되어야 할 것이기 때문이다. 그 중의 하나가 교과교육의 인간화라고 본다.

만약에 교과교육이 학생들의 잠재가능성이나 창의성을 계발하지도 못하고 학생들의 자율성과 책임성도 멍들게 하고 있다면 우리는 이를 어떻게 보아야 할 것인가? 존 홀트John Holt는 한 교사의 수업현장을 참관하고 나서 다음과 같은 사실을 비판한 바가 있다.

> 한 어린이가 교사의 질문에 틀린 대답을 했을 때, 다른 어린이들이 손을 들고 낄낄대거나 혹은 틀린 어린이보다 자기가 우월하다는 것을 교사에게 으스대며 주목을 받으려는 것은 인성발달에 좋지 못한 영향을 주게 된다고 기술하고 있다. 이 때문에 틀린 답을 말한 어린이는 자기는 멍청이고 다른 어린이들은 정답을 알고 있다는 것을 알면서부터 생긴 엄청난 수치감과 당혹감은 교정할 수 없을 만큼 어린이의 사고

를 마비시키고 말았다.▮

　　참으로 한 교과에 대한 수업은 단순히 지식이나 개념·법칙·이론에 대한 가르침만이 아니라 이를 인간다운 인간의 틀을 잡아가면서 그 속에다 채워줄 때만 의미가 있다. 그러기 위해서 교사는 학급집단의 심리적·정서적인 역동성을 간파하고 인지적 학습만이 아니라 이에 병행하여 정의적 학습의 효과에 대해서도 보살피지 않으면 안 될 것이다. 교과교육의 본질은 여기에 있다.

　　'교육애'의 대상은 문제가 없는 사람보다는 문제가 있는 사람, 건강하게 잘 자라고 있는 사람보다는 장애가 있으며 소외되고 부정적인 자기개념에 빠져 있는 사람이다.

　　그러기에 교성敎聖 페스탈로치Johann Heinrich Pestalozzi(1746-1827)는 그의 '인간도야Menschenbildung'에서 '전인ganzer Mensch'의 교육이념 실현을 위해 머리Kopf, 가슴Herz, 손Hand의 도야를 통한 인간의 근본 능력인 정신력Geisteskraft, 심정력Herzenskraft, 기능력Kunstkraft 의 조화적 발달을 강조하였으며 그 실천을 위해 노우호프Neuhof 에서는 빈민학교를 세웠고, 교육소설『린하르트와 게르트루트 *Lienhard und Gertrid*』에서는 민중의 설교자로서, 스탄츠Stanz에서는 고

▮ J. Holt, *How Children Learn*, New York : Pitman, 1969, p.180.

아의 아버지로서, 이베르던Yverdon에서는 인류의 교사로서 살았으며, 자기를 위해 살지 않았고 오로지 남을 위해서만 교육애를 실천하다 간 사람이었다.

교육의 인간화는 기계적인 로봇과 같은 사람이나 처세에만 능한 지식인이나 기술인보다는 합리적으로 사고하고 행동하는 인간, 인간의 근본능력인 정신력·정의력情意力·기술력이 조화롭게 발달된 인간을 육성하는 데 있다. 칼 로저스Carl Ransom Rogers의 말과도 같이 교육은 충분히 기능하는 인간Fully Functioning Person 다시 말해서 명사로서의 정적인 인간이 아니라 새로운 상황에 조화적으로 기능할 수 있는 인간, '과정 속에서 살아가는 인간person-in-process'으로서 동적인 인간을 기르는 데 있다.

교육은 무엇 때문에 있는가, 교육은 어떤 인간 어떤 사회를 만들고자 하고 있는가, 이들 목표를 달성하기 위해서는 어떤 수업방법, 어떤 교과조직이 필요한가, 어떤 윤리, 어떤 가치관, 어떤 철학이 필요한가를 심각하게 고민하고 반성해야 할 위기에 직면하고 있다고 본다.

우리는 지금 여러 가지 위기의 시대에 살고 있다. 그 중에서도 교사의 교권 확립의 문제, 학습지도의 인간화 문제, 지나친 선행학습과 사교육의 문제 등은 어떤 점에서는 우리 사회가 안고 있는 정치·경제·문화가 처해 있는 위기의 총체적인 반영이라고도 볼 수 있다. 이 문제에 대한 인식은 우리의 미래를 위해 교육관계자만이 아니라 온 국민이 함께 고민해야 하고 함께 극복해 가야 할 문제라고 본다.

자주성과 자발성의 존중

자주성과 자발성은 학습현장에서만 필요한 것이 아니라, 사람이 사람답게 살아가는 데 있어서 지녀야 할 교양이자 덕목의 하나다. 광복 후 한때 종전의 전통주의 교육은 교사중심·교과중심·주입식 교육이라 하여 새교육이라는 진보주의 교육사상을 잘못 이해하여 아동중심의 교육에서는 금지·명령은 어떤 경우에도 사용해서는 안 되는 것처럼 잘못 생각하는 사람도 있었다. 무슨 일이나 극단적인 맹목주의는 우를 범하게 된다고 생각한다.

혹자는 자주성·자발성을 맹목적이며 축자적逐字的으로 해석하여 필요한 지시·명령·금지까지도 자주성이나 자발성을 해치는 것이라 하여 비판하는 사람도 있었다. 그러나 이것 또한 자주성·자발성을 잘못 알고 있는 것이다.

우리가 자주성이나 자발성을 키우려고 할 경우에 때로는 자주성을 저해하는 경우라면 이를 억제하는 지시와 명령도 필요하다. 진정한 자주성은 방임된 자유에서 저절로 길러지는 것은 아니며 때로는 자주성 교육에 방해가 된다고 생각될 때는 서슴없이 통제하고 지시하지 않으면 안 된다. 모든 교육은 넓은 의미의 건전한 사회화socialization를 돕는데 있다. 즉, 현실 원칙의 학습을 돕는데 있다.

'어린이의 교육에 철저한 자유'의 가치를 높이 들었던 사람으로써 유명한 니일Neill의 섬머힐 학원에서도 금지·명령·지시는 교육방법으로서 엄연히 살아있다. 만약 학생들에게 필요한 금지와 명령을 하지 않는 것이 자주성·자발성을 키우게 된다고 믿는 교사나 학부모가 있다면 그런 사람은 태만한 부모, 태만한 교사이며, 교사나 부모로서 어린이와 자주성을 망치고 있는 것이다.

금지·명령에 대한 올바른 인식

학교교육이란 결코 무계획적이고 자연발생적인 과정은 아니며 철저한 계획과 과학적인 방법을 가지고 개체완성과 건전한 사회화를 돕는 과정이다. 요컨대, 학교는 교육이념·목적·목표→교육과정→교육방법→교육평가의 나선형적 순환의 과정을 상향적으로 되풀이하는 계획적 교육과 의도적 교육을 하는 곳이다.

만약에 모든 간섭으로부터 완전히 벗어난 방임된 어린이의 자유에만 맡겨버린다면 어린이는 밖에 나가서 친구들과 놀든가 나무에 올라가서 열매나 꽃을 딸 수도 있고, 산에 가서 토끼사냥을 하며 놀 뿐일 것이며, 자진해서 구구법이나 역사연대를 암기하려고 하지는 않을 것이다. 현대는 그런 수렵생활의 시대는 아니다. 수렵사회에서는 사내아이는 아버지를 따라다니면서 짐승 잡는 법이나 고기 잡는 법을 배우는 것만으로도 생존에 불편함이 없기 때문에 어린이의 자연발생적인 욕구에 맡겨주는 것도 나름대로는 의미가 있었다.

그러나 오늘날과 같은 지식·정보화 사회, 무한경쟁의 시대, 과학·기술문명의 시대에 살아가기 위해서는 최첨단의 학문체계를 조직적으로 학습하지 않는다면 현대문화에 적응해갈 수가 없을 것이다. 사람이 원만한 사회생활을 하기 위해서는 자기가 하고 싶은 것만 하고 살 수는 없다. 하기 싫어도 하지 않으면 안 되는 경우도 있다. 또한 사람은 전지전능하지도 않기 때문에 경우에 따라서는 옆 사람의 도움이나 가르침도 받아야 하고 충고나 제지도 받아야 한다.

이 점에서 교육은 아동·학생들의 바람직한 성장과 발달을 돕는 데 필요한 사회문화의 '**현실원칙**'을 학습시키는 데 있다. 예컨대 충과 효가 선善이며, 노약자에게 자리를 양보하는 것이 선이라고 하는 것, 지각하지 말라, 채무는 반드시 이행해야 한다, 어른에게는 경어를 써야 한다 등은 자유방임된 상태에서 얻어지는 것이 아니라 필요한 제재나 지시와 의도적인 학습을 통해서 알게 되고 행동하게 된다.

인간의 태도(예: 아집), 가치관(예: 효), 감정(예: 의분), 행위(예: 자원봉사), 사고(예: 해석) 같은 것은 모두가 후천적인 학습의 결과다. 아무런 자극도 주지 않고 방임해 둔다면 자원봉사자가 되거나 정신분석자가 되지는 않을 것이다. 자주성과 자발성이라 할지라도 이를 키우기 위해서는 의도적인 자극이 필요한 것이다.

교사나 부모가 적기에 적절한 가르침이나 금지와 지시를 하지 못한다면 그런 교사나 부모는 결코 어린이의 진정한 자발성을 키울 수가 없는 무능한 교사이며 무능한 부모인 것이다.

그러나 어린이들에게 주어서는 안 될 것이 있다. 그것은 그들에게 사랑은 줄 수 있으나 부모와 교사의 생각을 주어서는 안 된다는 점이다. 왜냐하면 어린이들은 그들 나름으로 자신의 생각을 가졌기 때문이다. 또한 어린이들에게는 그들이 의식주를 할 수 있는 집을 줄 수는 있어도 그들에게 '영혼'의 집을 주어서는 안 된다. 왜냐하면 그들의 '영혼'은 아무도 찾아갈 수도 없고, 꿈결에도 찾아갈 수 없는 내일의 집에 살고 있기 때문이다. 그리고 그들의 삶은 뒷걸음질하지도 않으며 과거에도 머무르지 않는다는 것을 알아야 한다.

여기서 금지와 명령을 인간의 '사회화'의 관점에서 생각해 보자. 사람이 사회를 구성하고 있는 한 사람으로써 한 사람 몫을 제대로 할 수 있는 사람이 되기 위해서는 사회의 여러 가지 규범을 지킬 줄 아는 '현실원칙'을 내면화하지 않으면 안 된다. 그러나 수용이나 공감적 이해와 사랑이나 관용이라는 미명하에 어린이를 무절제하게 키워놓게 되면 그 어린이는 버릇없는 방자한 사람, 세상물정에 어둡고 비상식적인 인간이 되고 말 가능성이 매우 높다. 요컨대 사회화가 안 된 사람이 되고 말 것이며 이런 사람은 사회에 도움이 되지 못하는 암적인 존재가 되고 말 것이다.

사회화의 관점에서 본 '자유주의'는 사회 또는 타인에게 폐가 되지 않는 범위 안에서 자기 생각을 펼칠 수 있는 권리가 있다는 사상이다. 때문에 어린이나 학생들이 사회 질서에 폐가 되는 행동을 했을 경우에는 교사나 부모가 지체 없이 '금지·명령'을 하는 것은 마땅한 일이다. 만약 이를 피하거나 관용으로 대한다면 그들은 사회가 필요로 한 행동규범이라는 '현실원칙'을 학습할 수가 없게 될 것이다. 결과적으로는 그들을 위한 것이 아니라 그들을 망치고 마는 과오를 범하게 된다.

영국사회의 '전통과 세련된 신사도'의 정신을 숭상하는 영국의 사립 중·고등학교Public School에서 '자유'와 '규율'을 교육방법에서 중시한 것이나, 『아동의 세기Das Jharhundert das Kindes(1900)』의 저자였던 스웨덴의 여류 사상가 엘렌 케이Ellen Key(1846-1926)도 아동의 자유를 제창하고 교육은 '아동으로부터vom kinde aus'라는 아동지상주의를 제창했으나 교육방법상 금지와 명령은 필요하다고 본 것이다. 이는 마치 자동차에 액셀러레이터만 있고 브레이크가 없는 것처럼 '자유'만 있고 '규율'이 없다면, 또는 '규율'만 있고 '자유'가 없다면 어떻게 되겠는가. 생각만 해도 개인이나 사회가 다 불행하게 될 것이다. 자유와 규율의 의미는 함께 할 때만 그 의미가 빛난다.

예컨대 니일의 '섬머힐 학원'에서 자유주의나 개인존중사상을 강조하였다 할지라도 현실원칙의 학습(건전한 사회화)에서 일탈된 행동을 했을 경우에는 이를 관용으로 대한다거나 방치하지 않고 자치회에서 엄하게 처벌한다는 학칙도 있다는 것을 알아야 한다.

또한 18세기 자유주의 교육사상가 루소Jean Jacques Rousseau는 『에밀Émile, our de L'Éducation(1762)』에서 어린이가 유리창을 깨뜨렸을 때 야단치지 않고 깨진 유리창을 그대로 둔 것은 관용이 아니라 겨울에 찬바람이 들어와서 고통을 받는다는 것이 어린이에 대한 처벌이라고 보았기 때문이다.

이렇듯 자유를 강조했다고 해서 결코 방임된 자유는 아니다. '사회화' 학습에 필요한 통제와 처벌은 필요한 것이다.

그렇다면 교사·부모·윗사람이 필요한 통제와 지시를 하지 않고 놓아두어도 될 경우란 어떤 경우인가?

① 성취동기가 높을 때

② 기초 지식·준비성을 갖추고 있을 때

③ 교사·부모·상사를 대신할 수 있는 중간 관리자 middle man-agement가 있을 때

④ 전통·관습·집단규범이 정착되어 있을 때

⑤ 교육기능과 응집력이 그 집단에 있을 때(어린이는 또래 집단으로부터 영향을 받는다)

⑥ 책임의식과 독립의식이 강할 때

상담심리학이나 심리치료법을 배운 사람은 대체로 지시나 통제보다 수용이나 공감적 이해와 비지시적인 대응을 바람직한 것으로 이해하는 경향이 있다. 그러나 이런 것들이 바람직한 경우란 예컨대, 사회화를 위한 학습이 너무 지나쳐서 자신을 부정하면서까지 환경에 맞추려고 한 결과 신경증을 갖게 된 사람, 지나친 정돈벽이 있는 사람, 원칙주의자, 노인처럼 기개가 없는 젊음이나 애늙은이 같은 사람을 도와줄 경우다. 이와 같은 문제를 가지고 있는 사람들에게는 고삐를 좀 늦추어 원하는 만큼 자기실현을 경험하게 함으로써 자신의 원점을 발견하는 데 도움을 줄수가 있을 것이다.

그렇지만 어릴 적부터 자기중심으로 방자하게 자란 어린이게 통제·명령·바람직한 습관 길들이기를 아끼게 된다면 갈수록 그

어린이는 버릇없는 사람이 되고 말 것이다.

'통제이론control theory'을 기반으로 비행소녀의 교정지도 이론을 수립한 정신의학자 윌리암 글라서William Glasser의 현실치료법reality therapy에서 강조하고 있는 3Rs 즉, '현실reality', '책임responsibility', '정·부정right and wrong'을 비행소녀에게 직면시켜, 무책임을 물리치고 가치관을 통해서 보다 바람직한 행동을 생각해보게 하여 이를 실천하도록 돕는 것도 현실원칙의 학습에 도움이 될 것이다.

교육은 신경증의 치료법과는 다르다. '현실원칙reality principle'의 학습이 주가 되어야 한다. 신경증의 심리치료는 현실원칙의 학습 해제가 주가 된다. 이점을 구별하지 않으면 심리학이 교육에 도입됨에 따라서 교육현장은 혼란에 빠져 교육의 황폐화를 가져오게 될 것이다. 교육은 개체완성을 위해서도 필요하지만 뒤르껭Émile Durkheim(1858-1917)이 말한 바와 같이 사회존속의 수단으로서도 더욱 큰 의미를 갖는다.▪

혹자는 통제·명령을 권위주의적이라고 생각하는 사람도 있을 것이다. 이런 생각은 잘못된 것이다. 권위주의란 교사가 자기 개인의 영달이나 우월감을 위해 교육논리에 맞지 않는 것을 억지로 자행하는 것을 말한다. 그러나 통제나 명령이 학생들의 인생

É. Durkheim, *Éducation et Sosiologie*, nouvelle edition, 1966. p.92.

자기설득, 마음을 치유하는 길 ― 학습생활에 대한 소신

에 유익하고 논리에 합당하다면 그것은 권위주위는 아니다. 의사나 간호사가 환자에게 "……에 주의하시오", "……하지 마시오"라고 금지하고 명령하는 것을 권위주의자라고 말하는 사람은 없을 것이다. 교사나 부모의 경우도 이와 마찬가지다.

암기식 공부에 대하여

우리는 책을 읽을 때나 어떤 경험을 하고나서 그 내용도 이해하지 않고 맹목적으로 암기rote memory하는 기계적 기억 같은 것은 잘못된 것이라고 비판한다. 그러나 기억에는 기계적 기억만 있는 것이 아니라 '의미기억semantic memory'이나 '에피소드 기억episode memory', '논리적 기억logical memory'도 있다. 이를 무시하고 기억은 곧 기계적 기억암송이라고 생각하여 참다운 학습은 사고력을 길러야 한다든가 탐구하는 방법을 학습하는 데 있다고 생각하여 기억을 통한 학습은 참다운 학습이 될 수 없다고 생각하는 사람들이 많다.

그러나 잘 몰라서 그렇지 의미의 기억 같은 것은 모든 학습의 전제조건의 하나임을 알아야 한다. 예컨대 한자의 음音과 훈訓을 기억하고 있지 않으면 표의 문자의 뜻을 모르기 때문에 한자가 들어있는 책을 읽을 때 이해하고 메모할 때 불편할 것이다. 이 경우에 미리 암기하고 있는 한자는 그 사람의 독서력이나 기초학력의 일부가 될 수 있다.

흔히 학력이 높다 라고 할 경우에도 유용한 지식의 기억량이 많다는 것을 의미한다고 본다면 '사고'만이 중요하고 '기억'은 무의미한 것이라고 생각하는 것은 잘못된 생각이다. 그렇다면 왜 기억은 중요한가?

기억이 없으면 사고도 없다

기억memory이란 기본적으로는 과거에 경험한 것을 의식 속에 그 '흔적traces'을 남김으로써 이를 파지retention · 상기recall · 재인recognition 하는 과정이다. 정보처리의 관점에서 본다면 기억은 ① 정보를 받아들여 분류 처리하며 이를 의미 있게 부호로 변환하는 '기명memorization' 또는 '부호화encoding'하고, ② 기명된 정보를 잊어버리지 않게 '저장storage' 또는 '파지retention'하고 ③ 파지된 정보를 필요할 때 기억저장고에서 끄집어내는 '검색retrieval'의 과정이다.

이렇듯 기억은 학습에 있어서만 아니라 인류의 문화를 전달 발전시켜온 인간의 정신적 활동의 중요한 일부분이다. 공부하는 데는 지능이나 사고력이나 상상력만이 필요한 것이 아니라 기억력도 필요하다.

알고 보면 이들은 서로가 유기적인 관계를 맺고 있다. 사고란 어떤 문제의식이나 문제해결에 대한 인간의 고차적인 정신활동이며 과거에 축적해 온 경험(지식·기억)으로부터의 반응이다. 예컨대 자유의 여신상에 대한 사고는 여신상 그 자체가 아니라 과거에 보았던 여신상에 대한 기억이나 지식으로부터의 반응인 것이다. 이렇듯 사고도 기억의 영향을 받게 된다.

예컨대 같은 것을 기억할 경우에도 지능이 우수하고 상상력도 풍부하며 사고력이 유연한 사람은 그만큼 기억내용을 의미 있는 형식으로 또는 논리적 연관성으로 변환시켜 기억하게 되면 맹목적으로 기억하는 것보다는 장기기억을 할 수가 있고 사고도 그만큼 풍부하게 할 수가 있을 것이다.

뿐만 아니라 사고력이나 이해력도 기억력과 밀접한 관계를 맺고 있다. 우리는 사전에 기억하고 있는 것이 있기 때문에 이에 관련된 것을 들어도 이해할 수가 있다. 또한 보아서 그것이 무엇이라는 것을 알 수도 있다. 기억된 것이 없다면 들어도 이해할 수가 없고 보아도 무엇인지 제대로 인지할 수도 없을 것이다. 이와 같은 관점에서 본다면 똑같은 기억이라면 사용 범위가 넓고, 사용 기한도 길며 그리고 사용 빈도가 높은 개념을 기억하는 쪽이 사고에 효과적이라고 볼 수 있을 것이다.

예컨대 상담심리학을 전공한 사람의 경우, 기억을 통해 '억압

repression'이라는 개념을 알고 있으면 신경증자나 비행청소년을 이해하는 데도 도움이 되고 일상적인 인간관계를 이해하고 설명하는 데도 응용할 수 있을 것이다. 또한 '자기분석'에도 활용할 수가 있다. 다만 용어나 개념은 무한한 것이기 때문에 같은 값이면 개념의 범위, 적용기한(유행어는 일시적이다), 사용 빈도도 큰 것을 기억해두는 것이 보다 심리경제적인 것이 될 것이다.

하나 더 강조해두고자 하는 것은 개념의 뜻을 기억할 경우에는 '개념'이 모여서 만들어진 법칙이나, 법칙이 모여서 만들어진 '이론'도 함께 기억해두는 것이 더욱 바람직하다. 왜냐하면 학문을 구성하고 있는 지식체계란 '사실fact·개념concept·법칙law·이론theory'으로 구성되고 있기 때문에 개념보다는 법칙이, 법칙보다는 이론이 적용 범위도 넓고 사용 기간도 길기 때문이다.

이런 점에서 '개념'이나 '이론'에 비해서 '사실'은 기억해둘 만한 가치가 좀 떨어진다. 왜냐하면 '사실'은 개념이나 이론보다 수정될 가능성이 높기 때문에 애써 기억해도 무의미한 것이 되어버릴 가능성이 크기 때문이다. 사실을 기억할 바에는 가급적 시대나 문화의 변천에 따라서 그 영향을 덜 받는 것, 사용 빈도가 높으면서 범위가 넓은 사실을 기억하는 것이 좋다. 예컨대, 임진왜란이 일어난 것은 서기 몇 년인가, 알카리성의 식품은 무엇과 무엇인가, 성인병에는 어떤 질병이 있는가 등이다.

요컨대 문제해결의 열쇠가 될 수 있는 개념·법칙·이론이나 사실을 기억하게 되면 다음에 어떤 상황에 직면했을 때 그 사태에 대해 의미 있는 해석(사고)을 할 수 있고, 어떤 방법을 쓰면 어떤 결과를 얻게 될 것이라고 추론(사고)도 할 수 있다. 우리가 어떤 문제에 대해서 사고한다는 것은 문제해결에 필요한 주요 개념·이론·사실을 기억하고 있기 때문에 가능하다는 것을 알지 않으면 안 된다.

사람이 사고한다는 것은 의식 수준에서 기억하고 있는 개념과 개념을 조합시켜 본다거나, 사실과 개념을 연결시켜 본다거나, 또는 이론으로부터 가설을 추론해 보는 등 일종의 의미 있는 시행착오의 반복이며 지향적인 정신활동이다. 이런 점에서 사고 이전에 필요한 지식을 기억하고 있다는 것은 여러 가지 면에서 의미가 있다.

사고에는 ① 당면하고 있는 문제성 ② 즉시 반응을 보류하고 적절한 반응을 준비하기 위한 시간의 지연성 ③ 문제해결을 위한 지향성 ④ 결론에 이르기까지의 여러 표상representation 간의 또는 개념·이론 간의 논리성이라는 특징을 가지고 있다. 이와 같은 사고도 기억의 도움 없이는 제대로 할 수는 없는 것이다.

이런 점에서 암기방식으로 공부하는 것은 무용한 것이 아니라 기억할 만한 가치가 있는 것을 모두 기억함으로써 창조적 사고creative thinking도 키울 수 있다. 왜냐하면 과거 경험을 통해서 기억하고 있는 지식이나 표상을 새롭게 재구성함으로써 여러 가지 가능성 가운데서 최선의 답을 찾아내는 새로운 이미지 패턴을 만들어 보는 확산적 사고divergent thinking로까지 발전할 수 있기 때문이다.

요컨대 사실·개념·법칙·이론을 기억하고 있기 때문에 혼돈된 상황을 정리·해석·예측할 수도 있으며 이로 인하여 하나의 새로운 지식을 얻을 수 있는 생산적 사고productive thinking도 할 수 있다는 것을 생각할 때 결코 기억과정의 의미를 부정적인 시각에서만 이해해서는 안 된다.

기억이 없으면 감정도 없다

사람의 '감정'은 기억력과도 밀접한 관계가 있다. 예를 들어 '석류'라는 말만 들어도 입안에 침이 고이는 것은 무엇 때문일까. 이는 과거에 석류를 먹었을 때 신맛을 기억하고 있기 때문이다. '하나님은 항상 나와 같이 계신다'라고 하는 성경말씀을 강하게 기억하고 있는 사람은 어떤 시련을 겪는다 하여도 불안과 공포를 쉽게 이겨낼 수가 있다는 것도 기억력은 감정과 밀접한 관계에 있다는 것을 말해주고 있다.

뿐만 아니라 감정은 또 '행동'을 유발시키기도 한다. 즉 무서울 때(감정)는 이를 피하게 되고(행동), 좋을 때는(감정) 접근(행동)하게 된다. 무감정·무감동·무관심일 때는 행동도 일어나지는 않는다. '감정'이란 경험에 수반하는 정감적 또는 정서적인 면이 마음속에 반영된 산물이다. 일종의 마음에 만들어진 정감적 언어의 산물이다. 다만 밝고 긍정적인 산물이냐 어둡고 부정적인 산물이냐에 따라서 행동도 달라질 뿐이다.

때문에 애써 기억할 바에는 긍정적인 감정(사랑·신뢰·희망·용기·의욕·자신 등)을 유발시켜 줄 수 있는 것을 기억하는 것이 좋을 것이다. 부정적인 감정(분노·절망·불안·공포·불신·태만 등)이 사람을 행복하게 할 가능성은 낮다. 그러기에 만약에 인생의 목표를 '행복'에다 두고자 한다면 가급적 긍정적인 감정을 갖도록 노력하지 않으면 안 될 것이다.

여기서 긍정적인 감정이 우러나올 수 있게 하는 말이란 다음과 같은 조건을 갖는 경우이다.

인생의 객관적 사실에 근거한 말

객관적 사실이 아닌 것을 객관적 사실처럼 표현한 말을 기억하게 되면 사실을 직시할 수가 없기 때문에 도피적이고 환상적 인생관에 안주하려고 하는 버릇이 생기게 되며 이것이 불행의 시작이 된다. 예컨대 매일 잔업하고 있는 아버지의 수당이 얼마인지를 모르는 자식에게는 아버지의 수고를 위로할 감정이 우러나

오기 힘들다. 때문에 돈이 고마운 것도 모르고 환상적인 인생관을 갖기 쉽다. 그러나 객관적 사실에 근거한 것을 기억하는 사람은 사실을 올바르게 직시할 수 있으며 또한 다른 사람의 입장에서 생각하고 이해할 수가 있기 때문에 남에게 감사할 줄도 안다.

논리가 서 있는 사고방식

사람들 가운데는 무력감이나 열등감에 빠진 나머지 '나는 배운 것이 모자란다. 때문에 내 인생의 앞날이 뻔히 내다보인다'라고 말하는 사람도 있다. 그러나 이 말에는 '논리성'이 없다. '학력'과 '행복'은 논리적인 인과관계로 설명할 수 없는 것이다. 다시 말해서 접속사 '때문에'가 다음 서술의 충분조건으로서는 논리성이 부족하다는 것이다. 이런 표현보다는 오히려 '그렇다고 해서 내 인생이 뻔히 내다보이는 것은 아니다'라고 표현하는 것이 이치에 맞는다.

이렇게 자신을 부정적으로 생각하는 것은 평소에 집에서나 학교에서 또는 일반 사회에서 '학력'이라는 말의 중압감을 느끼며 살아왔고 이런 말에 세뇌되어서 학력이 인생의 모든 것을 결정해 준다고 기억한 결과라고 볼 수 있다.

이런 점에서 이왕 기억하려면 논리가 서있는 합리적 사고방식을 기억하는 것이 좋다.

사실의 근거도 없고 논리성이 빈약해도 인간의 이미지를 담고 있는 말

우리는 경제적으로 어려움에 처했을 때 흔히 돈의 무상함을 표현하는 '돈은 돌고 도는 것'이라는 말로 마음을 달래기도 하고 희망을 걸기도 한다. 그렇지만 이 말이 인생의 사실과 밀접한 관계가 있다 없다를 논증한 사람은 없다. 다만 사실은 아니지만 이렇게 생각하는 것이 살아가는 데 일시적으로 불안을 줄일 수도 있고 스스로를 위로할 수도 있다.

우리가 쓰고 있는 용어 가운데는 사실성이나 논리성도 희박하지만 긴장된 마음을 풀어주며 용기를 줄 수 있는 말이 많이 있다.

예컨대 농담이나 유머가 그것이다. 하지만 영어단어를 외울 때 사용하는 요령의 하나인 유머(예: concert를 근사했다 음악회 콘서트, cart를 가득 실은 짐마차 카트)를 외우면 된다는 식의 농담이나 유머는 아니다. 어디까지나 구체적인 상황에 따라 만들어진 것이 아니면 의미가 없다. 상황에 맞는 농담이나 유머를 만들기 위해서는 평소부터 두드러진 농담이나 유머를 기억해 두는 것이 필요하다. 무릇 무엇을 창조한다 해도 전혀 무에서 창조하기보다는 필요한 기반을 가졌을 때가 쉬운 것이다. 마치 명문을 기억하고 있으면 자신의 문장을 만들 때 크게 보탬이 되는 것과도 같다.

기억이 없으면 행동도 없다

암기식 공부를 부정적으로 생각하는 것이 논리에 맞지 않는 세 번째 이유는 언어를 기억하지 못하면 행동도 할 수가 없다는 점이다.

우리가 집에서나 학교에서 바람직한 생활습관을 길들이기 위해 부모나 교사가 학생들이나 어린이에게 행동순서를 차례로 설명했을 때 이를 암기하지 못하면 순서에 따라서 행동할 수도 없을 것이다.

예를 들어, 우리가 어떤 기계를 조작할 수 있고 실험을 할 수 있는 것도 그 순서와 방법과 기초지식을 기억하고 있기 때문에 가능하다. 학습방법을 배우는 것이 진정한 학습이라거나 사고하는 방법을 배우는 것이 진정한 학습이라고 말하기 전에 먼저 기초지식을 기억하지 않으면 차운전도 할 수 없고, 외국인에게 길도 요령 있게 설명해줄 수도 없는, 입만 살아있는 인간이 되고 만다. 우리가 현실세계를 보다 성공적으로 살아가기 위해서는 행동의 원리 원칙을 기억해두어야 할 영역이 다음과 같은 여덟 가지가 있다.

커뮤니케이션 영역

예 　언어 사용에 있어서 평소 상황에 걸맞은 용어 사용법을 평소부터 기억해두지 않으면 큰 실수를 하게 된다. 이를테면 어느 주부가 밖에 나가서 "우리 집 양반이 말씀하셨습니다" 식의 표현을 무의식중에 사용하게 되는 경우다.(개념의 기억)

대인관계 영역

예 초면의 대화, 이성과의 대화, 윗사람과의 대화에 있어서 각 각 유념해야 할 점을 기억해두지 않으면 크게 실수를 하게 된다. (개념의 기억)

예 자기소개에 있어서, 자신의 어떤 점을 보여줄 것인가, 그 포인트를 기억해 두지 않으면 말의 단서가 풀리지 않아서 큰 실수를 하게 된다(사실의 기억). 예를 들어, 자신 생육력, 감정, 가치관, 현재 하고 있는 일, 앞으로 하고 싶은 일 등을 기억해둘 필요가 있다.

역할 영역

예 상황에 따라 달라야 할 자신의 역할(권리와 책임)이 무엇인가를 잘 기억해 두지 않으면 월권행위가 되거나 사보타주로 평가받기도 한다.(개념의 기억)

예 주위 사람들이 자신의 역할에 어떤 기대를 걸고 있는가를 정확히 기억하고 행동하는 사람은 남을 실망시키지 않는다.(사실의 기억)

감정교류의 영역

예   누구 누구와는 사이가 좋다(좋지 않다)는 것을 기억해 두면 팀 워크를 만들 때 도움이 된다.(사실의 기억)

정보 영역

예   이 사건에 관해서는 누가 더 전문적인가.(사실의 기억)

예   정보의 네트워크로부터 소외되고 있는 사람은 누구와 누구 인가.(사실의 기억)

집단역학 관계

예   이 집단에서 누가 가장 영향력을 가지고 있는가.(사실의 기억)

하위집단 영역

예   이 집단 안에는 어떤 하위 심리집단이 있는가.(사실의 기억)

집단규범 영역

예   이 집단을 지배하고 있는 규범(예: 연공서열)이 무엇인가를 기 억하고 있지 않으면 예기치 않은 반격을 받을 수 있다.(사실 의 기억)

세상을 살아가기 위해서는 이상과 같은 여덟 가지 영역에 걸친 개념과 사실을 기억할 필요가 있다. 그러나 통념상 기억을 머릿속에 억지로 주입시키는 뜻으로만 생각하여 매우 부정적이고 비교육적인 개념이라고 이를 부정하는 사람도 있다. 이런 사람은 기억을 현실과 유리된 단편적인 토막 지식을 맹목적으로 외우는 데서 끝난 지난날의 잘못된 교육의 통념에 묶여 있는 사람이다.

아무리 탁월한 세계적인 석학이라 할지라도 그 사람의 이론에는 그가 과거에 기억하고 있는 스승의 가르침의 주요한 개념과 이론을 수정 보완하는 귀납적인 과정을 통해서 자기 특유의 이론을 얻게 된다는 것을 알아둘 필요가 있다.

요컨대 사고도 감정도 행동도 유관한 지식을 기억함으로써 발생한다. 알고 보면 사고도 기억의 도움을 받고 있는 사실도 모르고, 기억을 학습에서 사고보다 못하다 하여 이를 무시하거나 거부하는 것은 잘못된 일이다.

지능·학력에 대한 지나친 일반화

사람들 가운데는 자신의 능력을 충분히 발휘하지 못한 채 위축된 인생을 보내고 있는 사람이 적지 않다. 이런 사람에게는 인식과 사고에 문제가 있다. 요컨대 자존감이 없거나 부족하며 자기 능력이나 분수를 과소평가하여 자조적인 인생을 사는 사람들이다.

자조적이며 위축된 사람은 성공할 수 있고 승진할 수 있는 기회가 주어져도 '나 같은 사람은 어차피 ……할 것이다'라고 자기 부정적인 생각에 빠져서 적극적으로 자기를 실현하려고 하지도 않으며 결국 인생의 뒤안길을 걷게 된다. 또한 "나는 머리가 둔해서 배운 것도 부족하다. 때문에 분수에 넘치는 인생을 바라서는 안 된다"라는 **지나친 일반화**overgeneralization에 갇혀 있는 사람은 자신의 사고와 인식에 문제가 있는 것이다. 이런 사람은 '때문에'가

과연 단정적으로 일반화해서 결론을 내릴 만큼 논리적으로 의미 있는 접속사가 될 수 있는가에 대해서 검토하기를 바란다.

두뇌의 두 가지 의미

두뇌가 가지고 있는 두 가지 의미는 사회통념상 지능intelligence을 의미할 때도 있고 학력scholastic achivement을 의미할 때도 있다. 그러나 사람들은 이를 구분하지 않고 사용하는 경우가 대부분이다.

예를 든다면 지능은 높은데 환경 때문에 공부를 열심히 하지 못해서 수학 성적이 영점인 사람도 있다. 또는 지능이 너무 우수해서 통상적인 커리큘럼에서는 만족이나 매력을 못 느낀 나머지 시간만을 때우기 위해 수업시간에 만화책만 읽었기 때문에 수학 공식 같은 것도 외우지 못해 수학시험에서 영점인 사람도 있다고 하자. 이런 사람은 학업지진아slow-learner가 아니라 '학업부진아under-achiever'다.

이 경우에 학력이라는 척도로 평가한다면 '두뇌가 우둔하다'고 말할 수가 있으나 '지능'이라는 척도로 평가한다면 '두뇌는 우수하다'라고 말할 수가 있다.

학교사회는 학력(학습량·학업의 성취도)의 정도를 가지고 학생들의 등급을 매기는 문화를 가지고 있다. 때문에 학력이 낮은 사람은 지능이 아무리 우수해도 해당 학년 수준의 정상적인 발달에 못

미치고 있는 성적 부진학생이라는 낙인이 찍히게 된다.

이와는 달리 지능은 보통평균치인데 노력의 결과 학력이 보통 이상의 수준으로 올라갈 수도 있다. 주위 사람들은 이를 보고 지능이 우수해서 학업성적이 우수한 것으로 생각할 때가 있다. 그러나 지능의 척도에서 본다면 결코 우수나 최우수도 아닌 것이다.

이상과 같은 점에서 본다면 학력A/achievement(학습을 통해서 획득한 후천적인 능력인 현실적 능력actual ability)은 지적 작업을 할 수 있고 지적 자극을 수용할 수 있는 잠재능력C/capacity(잠재적인 능력potential ability)과 환경요인E/environment과의 상호작용의 정도에 의해서 달라진다고 볼 수 있다. 이 관계를 $A=f(C\cdot E)$로 표시할 수가 있다.

즉, 학력 A는 C와 E와의 상호작용의 함수관계에 있다. 이 경우에 환경도 좋고 노력도 하지만 C에 결함이 있어서 성적이 떨어진 어린이를 '지진아' C는 좋은 편이지만, E에 결함이 있고 노력이 부족해서 성적이 떨어진 어린이를 '부진아'라고 한다.

그러나 학력은 이와 같이도 볼 수 있다. 학력은 ① 지식·이해력·사고력·판단력 등의 지적능력 ② 노력·방법 등의 기능능력 ③ 정서·표현 등의 감정능력을 '저변'으로 하고 태도를 '정점'으로 형성된 3각추와 같은 것으로 볼 수도 있다.

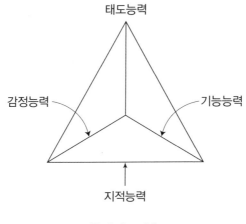

학력의 3각추

　지금까지의 설명으로 보아 학력이 높은 사람은 상급 시험에 합격할 수 있기 때문에 고학력자가 될 수는 있다. 그러나 지능에 관한한 반드시 지능이 우수해서 그렇게 되었다고 말할 수는 없다. 구두닦이 청소년이나, 포장마차 장사를 하는 사람 가운데도 지능이 높은 사람은 얼마든지 있을 수 있다. 때문에 지능은 보통이지만 피나는 노력을 한 결과 불우한 환경 속에서도 박사 학위를 받은 사람, 사법고시·행정고시에 합격한 사람도 나올 수 있는 것이다.

　여기서 우리가 생각해야 할 것은 지능이나 학력 어느 쪽이든 상관없다. 자기가 생각해서 조금이라도 자신 있는 쪽을 선택하여 '내 두뇌는 그렇게 우둔하지는 않다'라고 생각하는 것이 자신에게 도움이 된다는 것이다. 어느 쪽이든 자기가 행복해질 수 있는 쪽을 선택하는 것이 현명한 방법이다. 그런데도 혹자는 자기는 학력도 떨어지며 지능도 낮아서 정말로 두뇌가 우둔하다고 생각하여 마치 자기를 인생의 불청객처럼 생각하여 매사에 사양하거나 현실 도피적인 인생을 살아가는 사람도 있다.

통계적 연구에 의하면 지능과 학력의 상관도가 높은 것은 사실이다. 지능이 높으면(낮으면) 같은 시간에 같은 노력을 했을 경우 학력도 높다(낮다). 때문에 지능도 학력도 낮다고 말하는 사람이 있는 것도 틀린 말은 아니다. 그렇다면 지능과 학력 양자가 다 낮은 사람은 정말로 두뇌가 우둔한 사람이란 말인가? 꼭 그렇다고는 볼 수는 없다.

왜냐하면 지능이나 학력은 지능검사와 학력검사를 통해서 측정된 것으로서, 요컨대 추상적인 문제에 대한 적응의 정도를 말해 주는 하나의 '추정개념construct'에 지나지 않으며, 현실 세계에 얼마나 적응을 잘할 수 있는 능력이 있느냐 와는 별개의 문제이기 때문이다.

또한 지능이란 지능검사를 통해서 측정된 것이어서 엄밀히 말해서 그 사람의 순수한 지능을 측정했다고 단정할 수가 없다. 왜냐하면, 지능검사문제란 후천적으로 경험하고 학습한 다양한 문화내용에서 추출하여 추상적으로 만들어진 것이기 때문에 순수한 지적 소질을 측정하는 데는 한계가 있는 것이다. 뿐만 아니라 추상적 지능과 사회적·행동적 지능은 그 성질이 다르다는 것도 알아둘 필요가 있다.

예를 든다면 다음과 같다.

한 중학생의 경우 다섯 자리 숫자를 한번밖에 듣지 않았는데도 이 숫자를 역순으로 잘 말할 수 있게 되었을 때 이 학생은 기억력(지능)이 좋은 편이라고 칭찬했다고 하자. 또는 프랑스 혁명과 계몽사상의 관계를 잘 설명했기 때문에 사회과의 학력이 높다 라고 칭찬했다고 하자. 그렇지만 이 경우에 두뇌가 좋다는 것은 두 사례가 모두 지적 영역에서 일어난 반응 능력을 두고 한 말이다. 즉, 추상적인 지적 능력을 말하고 있는 것이지 구체적 영역에 대한 반응 능력을 말하고 있는 것은 아니다.

때문에 다섯 자리 숫자를 거꾸로 잘 말할 수 있는 사람이라 할지라도 그 가운데는 걸려오는 전화를 받아서 제대로 응대하지 못하는 사람도 있고 좀 복잡한 가전제품의 조작에 잘 적응하지 못하는 사람도 있다.

또는 프랑스 혁명과 계몽사상의 관계를 잘 비교 설명했다 할지라도 현실적인 문제의 비교 설명을 제대로 못하는 경우도 있다. 이렇듯 현실 문제를 해결할 수 있는 두뇌, 즉 '**사회적 지능**social intelligence'은 앞에서 말한 추상적 지능과는 다르다는 것을 알아야 한다. 요컨대 추성적인 '지능'이나 추상적인 '학력'이 낮다고 해서 사회적

'지능'이나 사회적 '학력'이 낮다고 말할 수는 없다.

일반 사회에서는 추상적인 능력을 가지고 두뇌의 우열을 재려고 하지만 이것은 법으로 정해진 것도 아니기 때문에 어느 쪽이나 자기가 좋아하는 쪽을 선택하면 될 것이다.

즉 사회적 능력이 추상적 능력보다 더 발달된 사람은 자신의 사회적 능력을 척도삼아 '나는 두뇌가 우수하다 때문에 내 인생에는 희망이 있다'라고 자기설득하여 자기 두뇌에 대한 생각을 긍정적으로 수정하는 것도 인생을 지혜롭게 살아가는 방법이다.

과잉 일반화는 금물이다.

그러나 추상적(학구적) 능력도 좋지 않고 사회적 지능도 낮은 사람의 경우 자신은 정말로 두뇌가 우둔한 사람이어서 자기 인생의 앞날이 뻔히 내다보인다고 생각하여 기세가 꺾여서 절망에 빠져 있는 사람도 있다. 이 경우에 필요한 것은, 자신의 두뇌가 명석하지 못하다고 생각해버리는 것은 자신의 지나친 일반화 때문에 그렇게 된다는 것을 확신하는 일이다.

'과잉일반화overgeneralization'란 일부분의 사실만을 가지고 남은 전체도 그렇게 판단하는 경우다. '일반화'란 하나를 들으면 열을 안다와 같이 특정 조건 하에서 학습한 것이 특별한 학습이 없어도 시간·장소·인물의 조건을 초월하여 유사한 자극에 동일한 반응을 보이게 되는 것을 말한다. 그러나 일반화도 일정 규준을 넘어선 과잉일반화가 되면 상황에 적절한 반응을 선택할 수 없게 된다.

예컨대 한 남성에 실연한 여성의 경우 실연한 상처가 다른 남성에까지 전이되어 모든 남성을 두렵게 생각하여 함구불언하는 것도 과잉일반화의 반응이다. 마찬가지로 수학을 잘한다고 하는 이유로 '두뇌가 명석하다'고 생각하는 것도 지나친 일반화. 수학을 잘한다고 해서 국어·영어·사회과도 잘한다는 법도 없다. 거꾸로 수학이 영점이라고 해서 '두뇌가 우둔하다'고 단정할 수도 없다.

왜냐하면 지능이나 학력은 '시간'이라는 조건 하에서 측정되고 있는 것이어서 문제해결의 속도가 느린 사람은 시간이 더 주어지면 더 상위의 점수를 얻을 수 있다는 것을 생각할 필요가 있다. 또 수학성적은 안 좋았지만 회화표현능력에서 발군의 실력을 발휘한 사람도 있고, 동작이 느려서 머리의 회전도 둔하다고 보기 쉬운 사람도 자료해석 능력에 있어서는 뛰어난 사람도 있다.

그런데도 사람들 가운데는 일부분의 반응만을 보고 '저 사람은 ……이기 때문에 ……이다'라고 잘못된 판단을 내리는 것은 너무도 생각이 단순한 사람이며 판단의 논리에 어두운 사람이다.

예컨대 학구적(학문·추상·논리·연구) 영역에서 추리력·해석력·기술력·기억력이 우수하다고 하여 '두뇌가 우수하다'고 평가하는 것도 과잉일반화다. 왜냐하면 지능지수는 높아서 고학력자이지만 현실 생활의 좌담회에서 하는 말이 횡설수설 앞뒤가 맞지도 않고, 유머를 쓸 줄 아는 기지와 웃음도 없고, 여름 더위에 실내에 어컨의 온도를 낮추는 기지도 없는 사람이라면 이는 무언가 현실 적응에서 좀 무능한 사람이라고 낮게 평가받는 사람도 있기 때문이다. 이렇듯 사회적 지능이 낮다고 하여 두뇌가 우둔하다고 말하는 것도 역시 과잉일반화다.

여기서 결론적으로 말할 수 있는 것은 나와 타인을 간단히 '두뇌가 명석하다', '두뇌가 우둔하다'라고 분류·명명할 수 없다는 것이다. 요컨대 세상 사람들 가운데는 학구적이며 추상적인 능력과 사회적인 능력에 다 빼어난 사람은 없기 때문이다. 만약에 있다고 한다면 그런 사람은 전지전능한 초인적인 사람이라고 볼 수 있을 것이다.

모든 사람은 부분적으로는 머리가 안 좋은 데가 있는 것은 어쩔 수 없는 일이다. 예컨대 언어표현능력은 초등학생 수준이지만 사고능력은 대학원생 수준이라든가, 동작능력은 국제대회 운동경기 선수 수준이지만 사무능력은 초등학생 수준이라든가, 어휘수준은 대학생 수준이지만 현실 판단력은 초등학생 정도밖에 안 되는 것처럼 세상 어떤 사람도 능력에는 장단과 기복이 있다.

이 단점을 보완해 나가는 데에 인생의 큰 의미가 있다는 것을 긍정적으로 받아들인다면 인생은 그만큼 살맛이 날 것이다. 또한 쓸데없는 열등감을 갖거나 지나친 사양 같은 것은 안 해도 될 것이다. 요컨대 자신의 부족한 부분을 확대 해석해서 전체가 부족한 것으로 생각하는 과잉일반화는 절대로 백해무익한 것이다.

이 경우에 중요한 것은 '나의 어느 부분이 부족하며 어느 부분이 나은가'를 자기 스스로 진단하는 일이다. 자기 진단을 할 때는 다른 사람들과 다양한 생활을 같이 해보는 것이 효과적이다. 왜냐하면 다른 사람들과 생활을 같이 해봄으로써 자기의 어느 부분이 장점이며 어느 부분이 단점인가를 발견함으로써 평소의 자기평가를 조금씩 수정할 수 있기 때문이다.

이를 위해서 필요하다면 상담심리학에서 현대인이 겪는 소외감이나 심적 외상과 심적 압박감을 '인간적 만남의 소집단encounter groups'-마음과 마음의 접촉, 너와 나의 관계의 전환-을 통해서 자기 자신과 대인관계를 변혁시켜 인간성을 회복시키고자 하는 치료법도 있다는 것을 참고하면 도움이 될 것이다. 또는 인격의 단편적 부분을 깨닫고 인정하여 모든 것을 자기 것으로 받아들여 이를 통합할 수 있도록 돕는 '게슈탈트 치료법gestalt therapy'도 도움이 될 것이다.

○×식의 심리검사만이 진단의 도구는 아니다. 다양한 상황 속에 자기를 두고 자타를 관찰·평가하는 것도 일종의 심리검사다. 표준화된 지필검사만이 심리검사는 아닌 것이다. 실제 체험을 통해 진단하는 '상황검사situational test'도 있는 것이다. 우리는 이 상황검사를 적절

하게 이용함으로써 자기 정체를 올바로 인식할 수 있고 불필요한 일반화를 막을 수도 있을 것이다.

'때문에'의 검토

사람들의 사고과정의 내용 가운데는 '때문에'라는 접속사로 인하여 다음에 이어지는 '판단'의 의미가 행동에 매우 중요한 영향을 주게 된다는 것을 알아야 한다. 예컨대 '나는 두뇌가 우둔한 사람이다. 때문에 앞으로 내 인생에서 큰 기대는 안 한다'라고 했을 경우에 '때문에'가 과연 타당한 표현인가 아닌가에 대해서 생각해 보자.

먼저 생각할 수 있는 것은 '현재가 이렇기 때문에 앞으로도 이렇게 될 것이다'라는 판단은 지나친 일반화다. 이 경우에 우리는 보상compensation이라는 방법을 써서 열등감으로부터 자신을 해방시키려는 마음만 갖는다면 얼마든지 자기 처지를 변환시킬 수가 있다.

'보상compensation'이란 열등감을 극복해서 스스로 약점을 보완하는 심적인 노력이다. 우리에게 너무도 잘 알려져 있는 그리스의 웅변가였던 데모스테네스Demosthenes도 처음에는 말더듬 때문에 고생했으나 '언어표현력'에 대한 노력을 열심히 하여 자기 단점을 극복함으로써 한 세상을 풍미할 정도의 대웅변가가 된 것이다.

이와 같은 **'직접보상'**에 의해서 자기 단점이나 부족한 점을 극복한 예는 너무도 많다. 외국어 회화능력이나 영·수·국의 학력, 사무처리 능력을 해당 전문학원을 통해서 성공적으로 실력을 향상시킨 것은 '직접보상'이다.

그러나 아무리 노력해도 단점 극복이 안 될 경우에는 방법을 전환하는 것이 효율적일 때가 있다. 이것은 **'간접보상'**이다. 예컨대 전문가의 노래지도를 받고 아무리 연습을 해도 가창력이 향상되지 않을 경우에는 이를 단념하고 작곡이나 작사 쪽으로 전념함으로써 자신의 단점을 극복하는 '간접보상'의 방법도 있다.

관점을 좀 바꿔서 생각해 보자. 학교 사회에서 성공하기 위한 조건과 일반사회에서 성공하기 위한 조건은 다르다고 할 경우, 전자는 언어능력을, 후자는 비언어능력을 필요로 한다. 이런 점에서 학교에서 우수했기 때문에 사회에서도 반드시 우수할 것이라고 말할 수는 없을 것이다.

때문에, 학창시절에 둔재였기 때문에 사회인이 되어서도 둔재가 되라는 법도 없다. 이와 같은 논리로 본다면 학교에서는 둔재이지만 자기는 추상적 능력보다는 사회적 적응 능력이 더 나은 편이어서 자신의 미래의 인생에서는 희망과 꿈을 실현할 수가 있다는 신념으로 인식을 전환한다면 자기 인생을 긍정적으로 살아갈 수가 있을 것이다.

이렇듯 A이기 때문에 B라는, A와 B의 인과관계를 필연성의 관점에서가 아니라 보상의 관점에서 검토해 보는 일은 자유로운 자기실현의 만족 속에서 삶을 영위하는 사람으로서는 큰 힘을 얻을 수가 있을 것이라고 본다.

이밖에도 보상작용은 우리들에게 좋은 일을 많이 하고 있다. 즉, 시력을 잃은 사람에게는 청각이나 촉각을 민감하게 활용해서 시각의 불편한 점을 보완해 주는 생리적 보상작용도 있다.

융Carl Jung은 보상의 의미를 더 확대해서, 원형적 구조에서 말하는 남성의 이면에 있는 여성적인 면(아니마anima)과 외향적인 사람의 내면에 있는 내향성이 각각 지나친 남성상과 지나친 외향성을 조절·보상을 하고 있다고 본 것처럼, 인간의 심적 기관은 스스로 자기조절작용을 하고 있는 것이다. 다시 말해서 보상은 생명의 호메오스타시스 homeostasis(균형을 유지하려는 항상성)를 돕고 있다는 것을 알아야 한다.

4

가정생활에
대한 소신

가정은 사람이 태어남과 동시에 가족이라는 옷을 입고 최초로 '사회화'가 시작되는 곳이며 애정과 혈연으로 공생하는 생활환경이다. 또한 가정은 마치 태아가 포의胞衣 속에 있으면서 탯줄을 통해 모체와 한몸이 되어 자라고 있는 모태와도 같이 어린이에게는 선택된 환경이 아니라 주어진 환경이기 때문에 운명적인 환경집단이다.

따라서 가정은 결코 이익사회Gesellschaft와 같은 집단이 아니라 사랑과 희생을 바탕으로 만들어진 혈연집단이자 가장 순수한 협동사회Gemeinschaft이며 인간형성의 기초적인 인간화가 이루어지는 1차적 집단primary group이다.

때문에 가정의 본질에는 그 어느 집단에서도 찾아볼 수가 없는 가정만이 가지고 있는 기능이 있다. 집단구성원의 유대·협동·교육·위계질서에 있어서도 그러하며 사회구성의 기본 단위라는 점에서도 그러하다.

가정의 교육적 기능

가정은 한 사회를 구성하는 기본단위이며 최초로 인간의 사회화 socialization가 이루어지는 넓은 의미의 교육적 기능에 있어서 학교 보다 먼저였다. 이점에서 가정은 인간교육의 출발점이자 원형이 며 사회의 교육적 기능과 더불어 학교교육에 지대한 영향을 주 게 된다.

이와 같은 의미를 갖은 가정교육의 특질은 무엇인가?

생활중심적이며 비형식적이다

가정도 자녀교육을 위해 나름대로 계획도 세우고 조직적인 지도 를 하지만 학교만큼 엄선된 논리적 체계와 과학적 방법을 가지고 교육하지는 않는다. 그러나 비형식적이고 비합리적이라 할지라도 가정은 '생활이 사람을 만든다', '교육은 생활이다'라는 말이 상징적으로 말하고 있는 것처럼 가정에서의 교육은 지적인 교육도 하지만 생활 그 자체가 인간을 인간답게 도야陶冶하는 일을 근원적으로 담당하고 있다.

만약 가정이 이와 같은 근원적이며 기초적인 교육을 제대로 하지 못할 경우에는 가정은 그만큼 가정의 의미를 잃어버리게 될 것이다. 이렇듯 가정의 교육적 기능은 막중하다. 더욱이 우리나라 부모들의 교육열에서 볼 때 문제점이 있기는 하지만 가정이 차지하고 있는 교육적 기능은 그 어느때보다도 비중이 커져가고 있다. 물론 여기에는 잘못된 교육열로 인하여 반성해야 할 점도 많이 있다.

특히 사회문화의 분화와 경제의 발전 면에서 볼 때 가정은 매우 다면적인 교육적 요구에 직면하고 있다. 이 때문에 가정은 유아교육 초·중등교육에 있어서는 부모의 경제능력과 교양만으로는 그들의 인간적·문화적 성장에 대해서 충분한 도움을 주기가 힘들게 되었다.

뿐만 아니라 사회 경제적인 변화는 맞벌이 부부의 인력수요를 키움으로써 어린이에 대한 교육적 배려를 갈수록 어렵게 만들고 있다. 이런 점에서 가정교육의 고충을 덜어주고 부족한 점을 보완해서 다면적인 교육적 요구에 부응하기 위한 '취학전 교육'을 정책적인 차원에서 지원하고 있는 것은 미흡한 측면이 있으나 고

무적인 일이다. 그러나 유아기의 성장속도가 빨라진 점을 감안하여 취학전 교육을 단순히 가정교육의 연장이나 보충으로서가 아니라 이를 넘어서 학교교육의 일환으로서 그 성격을 전환시키지 않으면 안 될 것이다.

가정교육의 특질은 강한 '애정'으로 응집된 가족관계 속에서 실시된다는 점이다. 학교교육이 공통된 목적을 가진 또래집단의 학급에서 실시되는데 반하여 가정교육은 지위와 역할이 다른 대인관계 속에서 실시된다. 할아버지, 할머니, 아버지, 어머니, 형제자매라는 관계와 부성애, 모성애, 형제자매애 속에서 사회화와 인간화가 이루어진다.

그러나 산업화와 도시화에 따른 결혼관과 자녀관의 변화는 단세대의 핵가족 형태를 가져오고 말았다. 핵가족형태는 대인관계가 복잡하지 않아서 생활하는데 편리할지는 모르나 인간다운 인간으로서의 성장발달을 위해서는 바람직한 형태는 아니다.

한때 국제적으로 저명했던 미국의 여류 문화인류학자 마가렛 미드Magaret Mead(1901-1978)는 우리나라를 방한했을 때, 한 기자와의 대담에서, 한국의 3세대 가족구성 형태는 학교교육의 취약점을 보완해 주는 점에서 가장 이상적인 형태라고 말한 바가 있다.

그것은 일상생활에서 부모가 할아버지 할머니를 모시는 것에서, 할아버지 할머니의 내리사랑에서, 할아버지 할머니의 신화가 담긴 옛날이야기에서, 온 식구가 함께하는 밥상머리 대화와 여행에서 애들은 학교에서는 배울 수도 없고 체험할 수도 없는 것을 체험하며 배우게 되기 때문이다.

이 분야의 연구보고에서도 이와 같은 가족 형태가 인지적인 발달보다는 인성발달과 사회성 발달에 도움을 주고 있다는 점에서 단세대 핵가족보다는 3세대 가족형태가 바람직하다는 것을 지적하고 있다. 또한 발달단계에 필요한 지적 문화내용을 학습하지 못한 '문화실조cultural deprivation'도 발달에 장애가 되기도 하지만 이에 못지않게 모성실조와 부성실조도 어린이의 발달에 장애가 된다고 하는 것, 진실과 자신에 찬 아버지상, 어머니상을 보지 못한 채로 또는 자기중심으로 자라난 어린이에게는 발달상 여러 가지 결함을 갖게 된다는 것도 전문가의 실험연구에서도 이미 밝혀졌다.

발달의 균형을 도와주는 곳이다

우리는 전인교육이라 하여 전인으로서의 균형 잡힌 발달을 강조하면서도 현실은 이와는 상당히 괴리되어 있다. 교육하면 학원교육, 입시교육, 스펙 쌓기 교육 등 근시안적인 왜곡된 생활교육이나 출세지향적인 적응교육에 여념이 없다. 이 때문에 어린이는 사교육의 짜여진 시간표에 시달려서 어린이다운 정서도 시들어가고 사회성도 억압된 채 초등학교, 중학교, 고등학교 시절을 보내게 된다.

때문에 교육을 가장 전문적이며 조직적으로 하는 학교도 공교육 본연의 역할로부터 벗어나고 있으며, 가정도 역시 이래서는 안 된다는 것을 알면서도 가정 본래의 역할로부터 일탈한지 이미 오래다. 그러나 가정은 교육의 최소집단이자 최종적으로 자녀가 성장하는 인간의 균형 잡힌 틀을 잡아주는 집단이다. 애들은 학교에서 1,2등을 하고 학원에서 공부를 잘해서 성적이 우수한 것만으로 훌륭하게 자라고 있는 것은 아니다.

교성 페스탈로치 Johann Heinrich Pestalozzi가 『백조의 노래*Schwanenge-sang* (1826)』에서 강조한 '생활이 도야한다Das Leben bildet.'라는 말이 그의 인간 교육의 본질을 명쾌하게 말하고 있는 것처럼, 사람은 그가 가정에서 학교에서 지역사회에서 어떤 생활, 어떤 경험과 만족체제 속에서 살아왔느냐에 의해서 인간이 달라진다. 결코 그동안 그가 거쳐 온 생활을 넘어선 인간의 변화는 있을 수가 없다. 요컨대 사람은 그 동안에 살아온 것만큼만 변화한다는 것이다. 가정은 아동·학생이 학교에서 변한 것, 지역사회에서 변한 것, 가정에서 변한 것을 학교와 협력하여 조정하고 최종적으로 그 틀을 잡아서 전인으로서의 인간이 되도록 도와주는 데 있다.

가정의 보루는 자유·협력·질서다

가정은 남녀가 결합하여 자식을 낳아 삶의 꿈을 영위하는 생활 공간이자 정신적 공동체이다. 때문에 가정은 생물학적 차원의 의미보다는 정신적 차원의 의미가 더 강하다. 즉 가정은 가족들의 역할과 책임을 전제로 하는 자유와 운명을 같이하며 공동체의 협력과 역할을 존중하는 위계질서의 정신으로 뭉쳐있는 가장 공고한 혈연집단이다.

가정의 '자유'는 각자의 소질과 특질이 신장되어 자기실현이 자아 수준에서 만족하지 않고 최상위의 가치 수준에까지 발달하기 위해서 필요하고, '협력'은 서로가 부족한 점을 보완하고 공동목표를 달성하기 위해서 필요하며, '질서'는 집단의 응집성과 윤리의식을 높여서 가정이라는 소집단의 삶의 원동력을 키우기 위해서 필요하다.

이와 같은 자유, 협력, 질서가 살아있는 가정일수록 그 가정은 건강하며 행복하고 생산적인 가정일 것이며 그렇지 못한 가정일수록 가족해체의 붕괴된 가정이 되고 말 것이다. 여기서 우리가 알아두어야 할 것은 가정에 자유, 협력, 질서가 필요한 것은 가족 서로가 유기적인 역학관계를 가지고 있다는 것을 말해주고 있다는 점이다.

자유에 관해서 생각해 보자. 자유는 누구에게나 필요하지만 그러나 평등해야 한다. 결코 남의 의지의 자유와 선택하고 판단하는 행동의 자유를 침해하는 자유가 되어서는 안 된다. 자유에는 책임이 따른다고 한다. 이 말에는 자기가 선택하고 판단한 결과에 대해서는 어떤 결과에 대해서도 책임을 진다는 윤리의식이 전제한 자유다. 요컨대 자유는 방종된 자유가 아닌 것이다. 무거운 책임이 따른 자유, 남의 그런 자유를 존중하는 자유, 인간으로서 지켜야 할 윤리나 사회규범을 넘어서지 않는 자유라야 한다.

이런 자유를 가진 사람은 가정의 공동목표 달성을 위해 보다 잘 협력할 수 있는 사람이다. 뿐만 아니라 이런 자유와 협력을 할 줄 아는 사람은 그렇지 못한 사람보다는 가족의 위계의식을 가진 사람이며 가족의 화목과 응집성을 높이는데 도움이 되는 사람이다. 이런 사람은 또한 가족을 위해 희생도 할 수 있는 사람이다.

그러나 자유 못지않게 중요한 것은 협력이다. 우리가 대인관계나

집단과정의 기능을 생각해보면 상호 방해적 기능을 가지고 있는 면과 상호조장적인 기능을 가지고 잇는 면이 있다는 것을 알 수가 있다. 전자는 경쟁competition으로 나타나고, 후자는 협력coopera-tion으로 나타난다. 상대의 성공도 바라는 선의의 경쟁도 필요하지만 자식(형)의 만족이 부모의 만족으로 통할 수 있는 조장적助長的인 상호 연관성을 가질 때 협력은 싹틀 수 있다.

하지만 가정에 위계질서가 없다면 행복한 가정은 기대할 수가 없다. 한 조직과 집단의 질서는 자유와 협력과도 관계가 있다. 제멋대로 행동하고 반발·시기한다면 그런 가정은 질서있는 가정은 될 수 없다. 이런 가정에서는 가족간의 원만한 사회적 상호작용social interaction도 기대하기가 어렵고 소통의 체널도 매우 단조롭다.

이와 같은 점에서 자유, 협력, 질서는 가정이 어떤 역경 속에서도 건재할 수 있는 정신적인 보루인 것이다. 이것이 없는 가정은 무덤과 같은 가정이며 해체된 가정이며 이는 어린이의 교육을 위해서는 불행한 일이며 이런 가족집단이 많은 사회일수록 병든 사회를 만드는 원인의 하나가 될 것이다.

가정은 마음의 안식처다

모든 생물체는 활동과 휴식의 리듬이 필요하다. 이는 진화된 고등 생물일수록 그러하다. 활동만 있고 휴식이 없다면 결코 건강한 삶을 이어갈 수가 없을 것이다. 그러기에 밤이 있고 낮이 있으며 일요일이 있다. 이러한 활동과 휴식의 리듬은 신체 생리적인 건강만이 아니라 생명 유지와 정신건강을 위해서도 필요하다. 사람은 일만하고 살수는 없다. 활동하다 보면 피로도 쌓이고 에너지도 소모되기 때문에 다음의 보다 효율적인 활동을 위해서도 휴식과 충전을 필요로 한다.

이 경우에 가정은 그 어느 곳보다도 믿을 수 있는 마음의 안식처다. 안식처는 어머니의 따뜻한 품안과 같아서 심신의 피로를 해소시켜주며 소진된 삶에 활력을 불어넣어 준다. 이는 마치 운동으로 인하여 땀을 많이 흘려 체액의 수분이 많이 빠져나갔을 때 부족한 수분을 보충하여 본래의 정상적인 평형상태를 회복시켜 주는 것처럼 매우 소중한 활력을 충전시켜 주는 에너지 충전소와 같다.

사람이 살아가는 데는 단순히 물리적·지리적 환경보다는 심리적·행동적 환경이 더 큰 의미를 갖는다. 예를 들어 생각해 보자. A와 B라는 두 학생의 경우, 같은 물리적 공간을 차지하고 있는 한 도서관이 있다고 하자. 그러나 이 도서관이 지리적·물리적 환경으로서는 동일한 의미를 갖고 있지만 두 학생의 도서관에 대한 관심에 따라서는 도서관의 의미가 전혀 다를 수가 있다. A는 독서에 대한 관심이 높아서 도서관으로부터 받는 영향이 크지만 B는 전혀 관심이 없기 때문에 도서관은 한낱 지리적인 한 공간을 차지하고 있는 물리적 환경에 지나지 않기 때문에 도서관으로부터 아무런 영향도 받지 못할 것이다.

요컨대 A와 같이 행동 변화에 영향을 줄 수 있는 환경은 심리적·행동적 환경이다. 물론 심리적·행동적 환경이 되려면 환경에 대한 적극적 관심을 갖는다는 것이 전제가 된다. 가정이 마음의 안식처가 되고 에너지 충전소 같은 역할을 하게 되면 어린이는 가정과 부모에 감사하게 되고 애착심도 생겨서 가정에 대한 관심도 높아지고 자기 역할을 위해 항상 노력하는 사람으로 살아가는데서 보람을 느낄 것이다.

학교에서 집으로 돌아왔지만 집은 텅 비어 있고 자기를 반갑게 맞이해줄 엄마도 없으니 자기 집인데도 정이 가지도 않고 학교에서 일어난 문제에 대해서 상담하고 도와줄 사람이 한 사람도 없다면 이런 가정이 어찌 어린이의 안식처가 될 수 있겠는가. 이런 가정은 한낱 공간을 차지하고 있는 건물의 물리적 환경의 의미밖에 없다. 이 세상에 문제아는 없으며, 다만 문제의 부모, 문제의 가정, 문제의 교사, 두려운 학교가 있을 뿐이라고 외친 니일 Neill의 교육사상에서 우리는 다시 한 번 이 말의 깊은 의미에 귀를 기울여야 할 것이다.

가정은 계약된 생활의 장이다

가정은 역할과 역할의 관계를 중심축으로 한 구체적인 인간관계가 펼쳐지는 곳이다. 때문에 여기서는 역할에 대한 책임윤리가 강조된다. 만약에 자기 역할을 포기하게 되면 공존은 불가능하며 그 가정은 깨지고 말 것이다.

가정은 제2의 직장과 같다. 직장에서 상사가 마음에 들지 않는다고 해서 사표를 내는 것은 그렇게 쉬운 일은 아니다. 싫어도 참고 지족知足하며 자기 역할을 다 하다보면 언젠가는 인정받아 공존할 수 있는 것처럼 결혼도 똑같다. 좀 마음에 들지 않아도 겉치레와 형식에 얽매이지 않고 분수에 넘치는 탐욕에서 벗어나 서로가 자기역할을 다한다면 부부관계는 지속될 수 있다.

아무런 책임도 이행하지 않고 권리만 내세운다면 그런 가정은 건강한 가정이 될 수가 없다. 그런 가정은 문제가 많고 결국 깨지고 만다. 결혼이란 두 남녀가 사랑만 할 수 있는 장밋빛 인생을 약속하기보다는 냉혹한 현실에서 서로가 힘이 되어서 지켜야 할 책임과 의무를 서약하는 인륜대사의 한 형식이다. 그렇다면 무엇에 대한 책임이며 무엇에 대한 의무인가. 적어도 다음 여섯 가지만큼은 명심할 필요가 있다.

결정에 관한 책임

중대한 결정(예: 정직, 휴직)을 할 때는 배우자와 사전에 상의하거나 양해를 얻은 다음에 하지 않으면 안 된다. 중대한 사안의 결정은 인생의 공동경영자(배우자)와 합의한 다음에 하여야 하며 결정을 하고 나서 사후 통고식으로 하는 것은 잘못된 일이다. 이런 처신은 자기중심적이어서 배우자의 감정을 건드려 불화로까지 발전할 수도 있다. 중요한 사안이 아니라도 부부간의 불화는 일상생활의 사소한 의견의 차이와 무시로 인하여 감정의 골이 깊어질수록 커지게 된다.

가사에 관한 책임

가사는 가족 전원이 공동 부담하는 것이 원칙이다. 그러나 이 분담은 균등의 원칙에 따라서 가족 수분의 1로 나누어 분담하는 것보다는 일의 성질이나 개인적인 역량과 상황을 참작하여 탄력적으로 분담하는 것이 바람직하다고 본다.

또한 어떤 사안의 결정에 있어서도 민주적인 방법으로 하는 것이 공평하다고 생각하여 다수결로 결정하는 것이 최선이며 가장 바람직한 것이라고 말할 수도 없다. 다수결이 가장 이상적인 것처럼 보이지만 가정은 국가와 같은 정치단체는 아니기 때문에 매사를 다수결로만 결정하는 것은 기계적이고 사무적인 가족관계를 만들기 쉬울 뿐만 아니라 가족의 연대의식을 저하시킬 수 있는 단점도 있다.

다수의 생각이 소수의 생각보다 반드시 훌륭하고 현명한 생각이라는 법도 없다. 다수의 어리석음인 중우衆愚라는 것도 있다. 다수결의 원칙이 타락하면 더 무서운 결과를 가져오게도 된다는 것도 교훈삼을 필요가 있다.

육아에 대한 책임

아이를 기른다고 하는 것은 새로운 생명이 태어나는 것 못지않게 중요하다. **루소의 '식물비유론**plant analogy'에는 "식물은 재배에 의하여 자라고 사람은 교육에 이하여 시람이 된다"는 날이 잇다. 이 말이 시사하고 있듯이 나무를 심어만 놓고 돌보지 않고 방치해 둔다면 어찌 그 나무가 튼튼하게 자랄 수 있겠는가. '식목' 못지않게 중요한 것은 '육림'이다.

사람도 낳아만 놓고 돌보지 않는다면 제멋대로 자라게 될 것이다. 이점에 관해서는 이미 1799년 9월 말 프랑스 남부에 있는 아베이롱의 숲속에서 발견된 소년, '아베이롱의 야생아Le sauvage de L'Aveyyon'가 너무도 잘 설명해 주고 있다.

'육育'이란 어린 생명에 내제하고 있는 '가소성可塑性plasticity'을 올바르게 키우고, 균형잡힌 인간으로 자랄 수 있도록 보살피는 것을 뜻한다. 이점에서 육육은 교敎와 함께 사용함으로써 그 의미가 더욱 빛나게 된다.

먼저 育에 담겨있는 자의부터 생각해 보자. 『설문해자說文解字』에 의하면, 육육은 ☉으로 표기되며 이 가운데서 '☉'는 어린이(子)가 태어날 때 거꾸로 태어난 모습(倒子), 즉 '불순홀출야종도자不順忽出也从到子'를 뜻하며 '☉'은 유월肉月로써 '육育'자의 음을 부여하기 위한 형성자이며 특별한 의미는 가지고 있지 않다. 즉 거꾸로 태어난 어린이를 착하고(착할 장長) 크게(클 장長)기른다(養)는 의미를 갖고 있다.

이점에서 육육의 의미는 착하고 큰 사람으로 기른다의 장양長養의 의미가 있다. 때문에 육육은 교敎와 떼어놓고는 생각할 수가 없는 긴밀한 관계를 가지고 있다. 이점에서 育은 옥편의 달월변月이 아니고 육달월변肉에서 설명하고 있다. 요컨대 敎와 育은 동전의 양면과 같으며 敎가 育이며 育이 敎라고 말할 만큼 敎는 育의, 育은 敎의 의미를 더해 주고 있다.

　이렇듯 힘들고 어려운 '육아'를 부부가 함께 책임을 진다고 하는 것은 너무도 당연한 일이다. 그러나 사람들 가운데는 남편은 돈만 지원해주면 책임을 다하고 육아나 교육은 아내가 전담해야 할 영역으로 착각하는 사람도 있다. 남성적인 부성애와 여성적인 모성애는 균형 잡힌 육아와 교육을 위해서 반드시 필요한 조건이다.

경제생활의 책임

가정과 경제는 표리일체의 관계에 있다. 영어의 '경제economy'도 그리스어의 '집'을 뜻하는 'oikos'와 '경영, 관리'를 뜻하는 'nemein'의 합성에서 연유하고 있다. 또한 라틴어에서 'oeconomia'가 '가정경제 관리'를 뜻하고 있는 점으로 보아도 가정을 경영하는 일은 경제의 기본 모델과 같은 것이라고 볼 수 있다.

　가정경제 관리의 실상과 그 형태는 사람에 따라 다양하다. 한 달 수입을 먼저 고려하여 우선순위와 경중에 따라서 지출하며 월 소득의 일부를 저축하는 찌임새 있는 검약 정신으로 가정경제를 꾸려가는 가정도 있는가 하면, 자기는 주말마다 골프를 치면서 자식들의 교육비에는 인색한 사람도 있으며, 맞벌이 부부의 경우 월급을 각자 관리하거나, 공과금은 남편이, 생활비는 아내가 각각 나누어 분담하는 등 가정경제가 일원화하여 있지 않고 이원화하여있는 가정도 있다.

후자의 경우라면 가정은 화목할 수도 없고 부부간이라 할지라도 서로가 신뢰할 수도 없기 때문에 이런 가정은 결코 행복할 수도 없고 애들을 위한 좋은 아버지상·어머니상을 보여 줄 수도 없을 것이다. 가정의 경제구조는 투명하고 일원화하여 경제적인 문제해결을 위해서는 합심해서 두뇌를 짜내어 극복하고 상황에 따라 임기응변으로 변통수도 부릴 줄도 아는 탄력성도 가지고 있어야 한다.

부부간의 불화도 거의 대부분 경제적인 것에서부터 발단한다. 그러나 가정경제를 진정으로 책임지는 부모라면 현실을 긍정적으로 받아들이고 가정의 미래를 생각하여 경제적인 무능을 탓하고 공격할 것이 아니라 서로 용기와 자신감을 주고받는 마음가짐이 필요하다. 한때 가난하지 않았던 부자가 없듯이 우리는 한때의 가난을 성공의 기회로 삼는 '가능적 사고'로 전환할 줄 아는 정신적 자세가 필요하다.

인간관계의 책임

결혼은 새로운 인간관계를 만들어준다. 따라서 지켜야 할 도리와 역할도 그만큼 많아진다. 또한 정신적 부담도 커진다. 요컨대 양가 사이에 새로 맺어지는 인간관계에 의해서 결혼 전에는 없었던 새로운 '지위'와 '역할'이 주어지게 된다.

한 개인의 사회적 행동이란 그 사람의 신분에 따른 역할이나 직무라는 공식적 규정 같은 제도적 측면과 작업방법이나 작업환경 같은 물리적 조건의 영향도 받지만 또한 다양한 비공식적인 개인 대 개인의 대인관계의 영향도 받는다.

부부관계가 아무리 좋아도 자기 가정 이외의 인간관계가 원만하지 못하다면 결코 행복한 생활을 할 수 없을 것이다. 부모에 대한 인간관계 및 친인척 간의 인간관계와 공식적인 인간관계도 원만해야 하지만 사교상의 인간관계도 원만해야 한다. 휴일임에도 관혼상제의 교제 때문에 집에서 쉬는 시간을 할애하여 참석하는 것도 중요한 책임이다. 요컨대 결혼 후에 확대된 인간관계에 성실해야 한다는 것이다.

가족응집성에 대한 책임

가족집단이 혈연집단인 것은 '혈연'을 중심으로 공고하게 유대를 맺고 단결되어 있기 때문이다. 이른바 '**가족응집성**family cohesiveness'을 가지고 있기 때문이다. 가족응집성은 가족들에 대해서 가족집단에 애착과 매력을 갖고 여기에 머물게 하는 영향력의 모든 것을 말한다. 이런 점에서 부부는 가족집단의 응집력을 높이는 데도 책임을 지지 않으면 안 된다.

예컨대, 가족의 의사소통을 원활하게 하고 유대를 키우기 위해 아침식사는 가족 전체가 같이 한다든가, 가족여행 및 가족단위 행사를 갖는다거나, 가문의 본받을 만한 관례를 되살리는 등은 외견상으로는 매너리즘처럼 보이지만, 이런 생활은 가족의 마음을 하나로 묶는데 효과적인 방법이다. 다만 구체적인 방법이 중요하다.

가족의 응집성을 높이기 위해서 또 하나 중요한 것은 가정을 구성하고 있는 사람들이 가족의 한 사람임을 긍지를 갖고 자랑스럽게 느끼는 '**가족정체성**family identity'이다. 혹자는 아버지의 직업 때문에 또는 가난 때문에, 반 지하 단칸방에 살고 있기 때문에 이런 부모와 함께 살고 있는 것을 부끄럽게 생각한 나머지 이런 부모 밑에서 태어난 것을 원망하는 사람도 있다. 이런 사람은 가족집단에서 얻을 수 있는 공통된 가치관을 공유함으로써 느낄 수 있는 연대감이나 안정감에 의해서 형성되는 '자존감self-esteem'이나 긍정적인 자기상self-image을 의미하는 자기정체성self-identity도 가질 수가 없다.

특히 인격발달 면에서 볼 때, 청년기 후기인데도 사회적 자기에 대한 정의를 내리지 못하고 자기정체성 확립을 보류하는 심리·사회적 모라토리움psychosocial moratorium으로서의 인간이 될 수 있다는 것도 참고하기 바란다. 이밖에도 정체성이란 가족정체성뿐만 아니라 직업인으로서의 '**직업적 정체성**professional identity', 한국인으로서의 나인 '**국민정체성**national identity' 다양한 사회적 자기로서의 여러 가지 정체성을 통합하는 **인격적인 정체성**personal identity, 시대·사회·국가 안에서 수난을 받아도 초월적이며 초시대·초국가적 차원의 보다 보편적이며 보다 인간적 가치를 갖는 **초월적 정체성** transcendental identity(예:그리스도, 간디)도 있다는 것을 알아두기 바란다.

가족관계의 문제점

결혼으로 부부관계가 만들어지면 서로가 상대에 대해서 기대하는 심리적인 어떤 경향성이 있기 마련이다. 사람들 가운데는 정도의 차이가 있기는 하지만 남성은 자기 아내에 대해서 어머니 같은 배려를 기대하고, 여성은 자기 남편에 대해서 아버지 같은 배려를 기대하는 경향이 있다. 이른바 '감정전이transference'로 인해서 발생하는 기대치 문제가 있다.

아내는 어머니가 아니다

어려서부터 온유하고 잔정이 많은 어머니에게서 과분하게 보호받고 자란 남성은 세상의 여성들은 대체로 어머니처럼 온유하고 다정다감할 것으로 생각하기 쉽다. 때문에 약간의 실수를 해도 이해하고 용서해주며, 자기를 희생해가면서도 기꺼이 동조해줄 것이라고 생각한다.

그러나 이 경우는 배아파 난 어머니이기 때문에 가능할 수 있다. 부부란 아무런 관계도 없는 남남이 결혼이란 계약에 의해서 같은 집에서 산다는 것만으로 갑자기 어머니 같은 사람이 될 수 없는 데도 이점을 착각하기 때문에 실망도 하고 후회도 하게 된다. 남자는 처음부터 자기 가정은 자기 생각과는 다르다는 생각을 하는 것이 실망을 줄이는데 도움이 될 것이다.

또한 모든 어머니가 자식들에게 다 상냥하고 다정다감하지도 않다. 엄격한 어머니에게 자란 남성은 자기 아내도 어머니처럼 엄격할 것이라고 생각하기 때문에 어렵게 생각하는 경향도 있다. 이 경우에는 자기가 살고 있는 집이지만 결코 자기 마음을 편하게 해줄 수 있는 곳이 못되기 때문에 가정의 분위기 조성을 위해 그만한 노력이 필요하다는 것을 알아둘 필요가 있다.

요컨대 온유한 어머니에게 자랐든지 엄격한 어머니에게 자랐든지 간에 남성에게 있어서 자기 가정을 백퍼센트 자유를 누릴 수 있는 곳이라고 생각하는 것은 지나친 자기중심적인 착각인 것이다.

남편은 아버지가 아니다

온유한 아버지에게서 자란 여성은 자신의 배우자도 아버지처럼 이해심이 많은 관대한 사람일 것이라고 믿는 경향이 있다. 이 때문에 배우자가 아버지와는 너무도 다르다는 것을 알게 될 때 크게 실망하거나 자기 선택에 대해서 후회하기도 한다. 이렇듯 가정은 백점짜리 남편은 없다고 생각하는 것이 마음이 편하다.

또는 매사에 엄격하고 지배적이며 간섭하기를 좋아해서 말이 많은 아버지 밑에서 자란 여성의 경우라면 세상의 모든 남성은 남편을 포함해서 지배적이고 힘들게 하는 사람들이라고 선입견을 갖기 쉽다.

이 때문에 아내는 남편의 언동이 간섭으로만 들리고 스트레스 때문에 짜증이 나서 부부관계가 악화되기도 한다. 이와 같이 본다면 다정다감한 아버지 밑에서 자랐던지 엄격한 아버지 밑에서 자랐던지 간에 결과는 대동소이하다고 볼 수 있을 것이다.

이런 점에서 '남편은(아내는) 아버지(어머니)가 아니다!'라고 자기설득을 함으로써 자신의 인식, 사고, 감정, 행동을 수정할 수 있기 때문에 마음도 편안해지게 될 것이다.

며느리는 시어머니의 딸인가

시어머니가 며느리를 딸처럼 생각하느냐 하지 않느냐는 시어머니의 주관적인 인식의 문제다. 따라서 어느 쪽이 옳고 그르냐의 문제는 문제 자체가 타당성이 없다. 이렇듯 사람들의 판단이나 정의 가운데는 인식 가치의 유무와는 상관없는 것들이 상당히 많다.

예컨대 신은 사람이라고 정의하는 사람도 있는가하면 신은 용서라고 정의하는 사람도 있다. 어느 인식에 있어서나 타당성과는 무관한 정의다. 왜냐하면 이 점은 객관적 사실에 근거한 자료를 수집하여 정보를 판정할 수 있는 문제는 아니기 때문이다.

그러나 어떤 판단도 '의미'가 있는 정의이며 진실이다. 시어머니가 며느리를 딸처럼 정의하는 경우도 마찬가지다. 며느리를 친딸처럼 동일시하는 사람의 경우나 그렇게 생각하지 않는 경우나 틀린 생각은 아니다.

요컨대 며느리란 무엇이냐에 대한 정의는 고부간의 인간관계에 따라서 또는 사람에 따라서 다양할 것이다. 어떻게 보면 며느리에 대한 정의는 조건적 정의conditional definition, 즉 피정의항definien-dum이 정의항definiens에 의해 치환이 가능한 경우라고 볼 수 있다. 중요한 것은 며느리에 대한 정의가 어느 쪽이나 틀린 것이 아니기 때문에 고부관계에서 조금이라도 마음이 편안해지고 행복해지는 쪽을 선택하면 될 것이다.

시어머니의 입장에서

시어머니의 입장에서는 며느리를 친딸처럼 생각하는 사람보다는 그렇게 생각하고 싶어도 잘 안 되는 사람이 더 많으리라고 본다. 객관적인 사실에서 본다면 며느리는 시어머니에게는 '남의 집 딸'이며 자식의 '여자 친구'다. 또한 시어머니는 며느리에게는 '남의 집 아주머니'이자 '남자 친구의 어머니'다.

그럼에도 결혼으로 인하여 혹은 같은 집에서 산다는 이유로 남의 집 아주머니를 어머니로 생각하며, 남의 집 딸을 자기 딸로 생각하지 않으면 안 된다고 하는 것은 어쩐지 조금은 부자연스럽다. 또한 그렇게 생각이 안 되는 것을 억지로 그렇게 생각하려고 하는 것은 자연스럽지도 않으며 좀 위선적이다.

시어머니의 입장에서 이 문제를 다시 한 번 생각해 보자.

시어머니는 남의 집 딸을 자기 딸처럼 생각하려고 가급적 마음의 거리를 줄이고 허물없이 대하려고 한다. 이 때문에 자연히 말이 많아지고 자기중심적인 시어머니가 되기 쉽다. 대인관계에서 중요한 것은 상대방의 성격을 알고 대하는 일이다. 때문에 며느리에 따라서는 성격상 이와 같은 시어머니의 생각을 못마땅하게 생각할 수도 있다. 이 보다는 시어머니와 며느리의 원만한 역할관계 속에서 자연스럽게 화목하게 지내는 것을 더 바라는 사람도 있을 수가 있다.

며느리를 딸처럼 생각한다 해도 며느리가 어떤 사람이냐에 따라서 그렇게 할 수 있는 한계도 있으며, 모녀사이라 해도 때로는 불화가 있을 수가 있기 때문에 그 적정선을 유지한다는 것도 퍽 어려운 일이다.

예컨대, 이와 같은 경우도 있다. 며느리와 같이 살고 있는 어느 시어머니는 남달리 며느리를 얌전하고 상냥한 며느리라고 자랑하고 싶은 과시욕이 강한 사람이라고 생각해 보자. 이런 시어머니는 방문객이 왔을 때는 차를 달여내게 하거나 과일을 깎아오게 하여 며느리를 칭찬하며 손님에게 소개하며 은근히 자기도 과시한다.

그러나 여기서 정도가 지나쳐서 시어머니는 며느리를 딸처럼 허물없는 관계라고 생각하여 "새아가! 작명가에 물어보았더니 네 이름이 썩 좋은 이름이 아니라고 하더라. 개명하면 어떻겠니?"라고 말했다고 하자. 이것은 정도가 너무 지나친 처사다. 만약 '남의 집 딸'이라는 생각을 했다면 남의 부모가 붙여준 이름을 개명하라고 말하지도 않겠지만, 억지로 '내 딸'이라는 생각을 했기 때문에 무리한 말을 히게도 된다.

여기서 정도가 더 지나치게 되면 며느리는 당혹하게 될 것이며 매우 불쾌하게 생각할 것이다. 모녀간과 같은 혈연적인 일체감이란 단시일에 쉽게 형성되는 것이 아니다. 흔히 며느리를 딸처럼 생각한다고 무척 자기를 어질고 이해심 많은 사람처럼 말하는 것은 어떤 점에서는 자기를 미화시킨 말일 수도 있으며 고부간의 일체감을 너무 쉽게 생각한 경솔한 표현일 수도 있다.

며느리를 딸처럼 생각하는 시어머니가 되려면 오히려 시어머니가 신경 써야 할 일이 많아지는 것도 알아야 한다. 만약 시어머니가 친어머니 같은 역할을 다 못하게 되면 결과적으로 고부간의 관계를 더 안 좋게 만드는 경우도 있다는 것도 알지 않으면 안 된다.

고부간의 관계를 불행하게 만드는 이유는 무엇인가?

시어머니는 며느리를 딸로 생각하고 있기 때문에 며느리가 조금이라도 소홀하게 대할 때는 못마땅하게 생각하기 쉽다. 이렇게 되면 시어머니도 불편하지만 며느리도 실망하게 된다. 처음부터 며느리를 '자식의 여자 친구다', '자식의 배우자이며 내 딸은 아니다'라고 생각하게 되면 지나친 기대는 하지 않게 된다. 따라서 시어머니는 실망할 필요도 없으며 며느리도 딸이라는 의식에 매일 필요가 없을 것이며, 서로가 마음이 편안하다. 그러나 며느리를 딸로 생각하게 되면 시어머니는 며느리가 자신이 생각하는 대로 행동해야 된다고 생각하게 된다. 이런 생각의 저변에는 시어머니의 기대에 따라주지 않는 며느리에 대해서는 그만큼 미움도 커지게 된다는 생각이 잠재하고 있다. 이렇게 되면 서로가 힘들고 불편해지게 된다.

며느리의 입장에서

며느리를 시어머니의 딸이라고 생각하는 입장은 며느리에게는 그것이 정신적인 부담의 원인이 되기 쉽다. 그 **첫 번째 이유**는 서로가 성격상으로도 다르며 정이 가지 않는 시어머니에게 억지로 정이 있는 것처럼 행동하지 않으면 안 되는 자신의 위선을 못마땅하게 생각할 수도 있고 정이 묻어나지 않는 자신을 수용하기에는 너무도 힘들기 때문이다.

설혹 시어머니가 어린이 귀저기를 갈아주거나 우유를 먹여주는 정도의 감정교류의 보살핌을 보인다 해도 호감이 가지 않는 것은 어쩔 수가 없기 때문에 며느리의 고통은 더욱 커갈 수가 있다. 이럴 때마다 며느리는 머리를 써서 이런 정신적인 갈등을 극복하기 위하여 나름대로의 자기설득이 필요하다.

인간관계에 있어서 정은 억지로 묻어나는 것은 아니다. 자연스럽게 저절로 우러나는 것이 가장 바람직하다. 예컨대 조상의 제사 참여나, 명절에 일박을 하거나, 가끔 가족여행에 초대하는 등 다소 겉치레의 방법이기는 하지만 최소한도의 성의와 며느리로서의 모양새를 갖추는 일이다. 혹자는 이와 같은 처신을 마음에도 없는 겉치레라고 생각하여 기만적이고 위선적이라고 생각하는 사람도 있을지 모른다.

그러나 중요한 것은 이런 행동을 하는 동안에 감정에도 변화가 일어난다는 점이다. 감정의 변화가 일어나면 사고에도 변화가 일어난다는 점이다. 이런 점에서 감정은 사고의 산물이기도 하지만 동시에 행동은 감정의 산물이기도 하다. 요컨대 먼저 감정→행동이 아니라 행동→감정, 감정→사고의 관계가 있을 수 있다는 것을 말하고 싶다. 그러나 결코 서둘거나 무리해서 모녀 같은 겉치레의 행동을 할 필요는 없다.

며느리를 시어머니의 딸이라고 생각함으로서 며느리를 고통스럽게 만드는 **두번째 이유는,** 며느리는 친어머니와 시어머니라는 두 가지 이미지 사이에 끼어 딜레마에 빠지게 되기 때문이다. 시어머니를 어머니라고 생각하면 할수록 친어머니를 버린 것 같아서 미안한 생각도 하게 된다.

어려서 친어머니를 잃은 사람은 시어머니를 친어머니처럼 생각하는 데는 별 문제가 없겠지만 친어머니와의 사이가 각별했거나, 아버지가 돌아가시고 홀로 계신 경우에는 시어머니를 친어머니처럼 섬긴다는 것은 심리적 갈등이나 고통이 따르기 마련이다. 역시 며느리도 시어머니는 남편의 어미라고 생각하는 것이 가장 마음이 편안하다.

요컨대 서로가 '남편의 어머니'와 '자식의 배우자'라고 하는 심리적 거리를 두는 것이 쓸데없는 감정에 말려들어가는 것을 피할 수 있게 한다. 문화에 따라서 다르기는 하지만 우리 사회가 많이 서구화되었다 하여도 사제간이나 부모자식간 또는 고부간에도 서로 편안하게 하되 지나침이 없는 절도를 지키는 것이 필요하다. 흔히 친구처럼 친하게friendly라는 말을 잘 쓰지만, 여기에도 지켜야 할 선은 있어야 그 관계가 변하지 않고 오래가게 된다. 그렇다고 해서 결코 서먹서먹한 행동을 하게 되거나 무례한 짓을 하게 되지는 않을 것이다.

며느리를 시어머니의 딸로 생각하게 되면 며느리에게는 그것이 정신적인 고통의 원인이 되는 **세번째의 이유**가 있다. 일반적으로 집에서 보통 애들이라면 누구나 부모 맘에 들려고 하는 생각을 하게 된다. 그래서 어린이는 순종하는 어린이, 착한 어린이, 말 잘 듣는 어린이, 품행이 바른 어린이라고 해서 칭찬을 받는다. 그러나 이웃집 아주머니의 마음에까지 들려고 생각하는 어린이는 드물다.

같은 원리로, 며느리가 시어머니를 어머니로 생각을 바꾸려고 할 때는 무엇보다도 자기를 자제하여야 하기 때문에 이것 또한 며느리의 정신적인 부담이 되기도 한다.

예컨대 며느리는 시어머니의 며느리에 대한 생각을 알고 시어머니 앞에서는 남편에게 친절하지 않으면 안 된다고 자숙하게 된다. 왜냐하면 며느리가 남편을 상냥하고 친절하게 대하면 시어머니는 '내 자식을 소중하게 생각하는 좋은 며느리다'라고 생각할 것을 알고 있기 때문이다. 그러나 이런 계산심리로 설혹 가족여행을 한다 해도 스트레스는 충분히 해소되지도 못할 것이며 이런 상태가 심해지면 고부 사이도 나빠지게 된다.

차라리 시어머니를 마음 편하게 대하는 것이 훨씬 더 스트레스가 덜 쌓이게 될 것이다. 스트레스 해소를 위해 며느리는 시어머니에게 치명적인 실수가 되지 않는 한 '남편을 소홀히 하는 며느리다'라고 하는 정도의 비판도 각오하는 것이 좋다. 그러나 시어머니 앞에서 남편을 바보취급을 하지 않는 한 그것이 그렇게 크게 문제는 되지 않으리라고 본다.

그 대신 스마트한 방법으로 어깨를 주물러 드린다거나, 시장을 봐드리는 등 윗사람에 대한 성의를 보임으로써 자식에 대한 며느리의 소홀했던 나쁜 이미지도 좀 줄어들게도 될 것이다. 이런 경우는 두 가지 효과가 있다. 즉, 시부모를 극진히 모신다는 표시이기도 하지만 자식에 대해서도 성의를 보여주는 표시도 되기 때문이다.

무릇 서비스란 상대에 대한 애정과 공경심의 발로로서 이보다 더 좋은 방법은 없다. 그렇지만 모든 서비스가 그렇게 되기란 어렵다. 예컨대 직장에서 윗사람에 대해서 애정이나 공경심은 없어도 사무적으로 얼마든지 깔끔하게 도와줌으로써 원만한 관계를 유지하는 경우도 많이 있다. 이렇듯 정서적으로 가깝지는 않아도 세련된 방법을 찾아낸다면 얼마든지 원만한 관계를 맺을 수도 있다. 이점은 각자가 두뇌를 짜내서 해결해야 할 문제다.

무슨 일에 있어서나, 특히 인간의 감정교류에 있어서는 '자연스러운 것'이 가장 좋다고 본다. 억지로 무리해서 인위적인 감정을 만든다고 하는 것은 보기도 안 좋고 결과도 안 좋다. 저절로(自) 그렇게 되는 것(然)이 가장 보기 좋고 자연스럽다. 요컨대 자연스러운 것이 가장 아름답다.

마찬가지로 처음부터 무리해서 며느리를 딸로, 시어머니를 친어머니처럼 의식하려고 하는 부자연스러운 방법보다는 일상생활을 통해서 나도 모르게 우리 가정, 우리 부모라는 '우리 감정We-feeling(우리 의식We-consciousness)'이 묻어나고 자라남에 따라 자연발생적으로 두터운 인간관계가 만들어질 때 며느리가 딸처럼 보이게 될 것이며 시어머니가 어머니처럼 보이게 될 것이다.

인간관계 있어서 허물없는 막역한 사이라할지라도 최소한도의 지켜야 할 도리인 적정선이 있는 것이 좋다. 이 선이 없을 때는 상황에 따라서 싸우기나 헤어지게도 된다. 요컨대 지켜야 할 도리인 적당한 거리가 있는 사랑이 거리가 없이 터놓고 지내다 싸우는 것보다 더 행복하다.

5
—

나를
받아들이는
마음

인생에는 실패도 있고 성공도 있기 마련이다. 그러나 같은 실패나 좌절도 비관주의자와 낙관주의자는 이를 받아들이는 사고방식과 감정반응이 다르다. 비관주의자는 불운한 사태가 오래갈 것이며, 자기는 무엇을 해도 실패할 것이며, 모든 것은 자기가 무능하고 못나서라고 생각한다.

이와는 달리 낙관주의자는 정반대의 생각을 한다. 실패는 일시적인 것이고, 그 원인도 이번만이라고 생각하며, 나의 실패는 문제해결학습의 과정에서 일시적인 시행착오에 지나지 않으며, 더 큰 성공을 할 수 있는 무언가를 배웠다고 생각한다.

이렇듯 같은 문제에 대해서도 비관주의자는 나를 부정적으로 받아들이는가 하면, 낙관주의자는 나를 긍정적으로 받아들이며 생각을 '가능성사고possibility thinking'로 전환시킬 수 있다.

있는 그대로의 나에게도 가치가 있다

누구나 사람은 다른 사람으로부터 인정받고 긍정적으로 받아들여지게 되면 자신에 대해 긍지를 가지며 정서적 반응도 매우 밝고 의욕적이다. 그러나 남에게 거부당하게 되면 위축되고 마음의 상처를 입게 된다. 하지만 생각해보면 남에게 인정받고 받아들여지는 것보다는 자기가 자신을 받아들이고 긍정적으로 인정하는 것이 훨씬 의미가 있고 가치가 있다. 만약 자기가 못난 사람이라고 생각하여 자신을 거부하게 되면 이것이 바로 고민의 원점이 되며 여기서 각종 어둡고 부정적인 정서나 감정 같은 것이 파생한다.

예컨대 70대의 노인은 20대의 젊은이만큼 빨리 달릴 수가 없다. 이 경우에 자기 나이를 알고 꾸밈없는 현실적 자기를 인정하고 있는 사람은 젊은이들과는 달리기 경쟁을 하지 않는다. 오히려 퇴행성 무릎관절염으로 달릴 수 없는 자신을 긍정적으로 인정하고 젊은이를 칭찬하는 것은 결과적으로 자기와 젊은이를 동시에 받아들이는 것이 된다.

자기를 비하하지 않고 남을 인정하는 사람은 자기 운명을 받아들이면서 새로운 자기를 알고 살기 때문에 행복하며, 자기를 감추거나 위장하고 남을 인정하지 않는 사람은 자신의 현실적 조건과 위치를 모르고 사는 사람이며, 자기를 있는 그대로 받아들일 수 없기 때문에 자신에 대한 실망과 마음의 상처만 받게 될 것이다. 요컨대 현실의 나를 '있는 그대로is-ness(yathabhutam)'의 나로 받아들이느냐 못 받아들이느냐의 문제다.

이렇듯 나를 받아들이는 '자기수용self acceptance'이란 자기 마음을 다스리는 데 있어서 매우 중요한 처방이라고 볼 수 있다. 칼 로저스Carl Ransom Rogers의 상담심리학에서도 이 기법은 그의 이론의 중심개념의 하나가 되고 있다. 이 이론에서도 있는 그대로의 자기를 혐오하지 않는다는 것이 강조되고 있다. 요컨대 자기개혁, 자기성찰을 전제로 한 자기수용이 필요하다는 것이다.

자기수용의 반대 개념인 자기부정, 자기비하를 생각해보자. 내담자 가운데는 자기를 몹시 짐스럽게 생각하여 자기를 부정하면서도 새로운 자기로 변하고자 하는 사람도 있다. 그러나 이런 자기부정의 자세로는 자신의 문제가 해결되기는커녕 악순환이 시작되고 만다. 이 경우에 카운슬러의 수용적인 태도란, 내담자가 지금까지 외면하고 혐오해 왔던 자기를 다시 새롭게 볼 수 있도록 도우면서 점진적으로 자기를 수용할 수 있도록 그 과정을 조성해 주는 데 있다. 내담자는 이 과정을 통해서 비로소 포괄적인 자기 개혁과 자기성장이 가능하게 된다.

사람은 본래 자기가 할 수 있는 것을 바라는 것이 자연스럽다. 자기가 할 수 없는 것을 바라는 것은 무리를 하게 되고 허영심 때문에 분수에 맞지 않는 잘못된 생활을 하게 된다. 자기를 수용할 수 없는 사람은 어딘가에서 착각하고 있는 사람이다. 요컨대 현실적인 자기는 가치도 없고 미래도 없다고 착각하고 있는 사람이다. 정신건강상으로 보면 가식이 없는 본래의 자기에 대해 자신감을 갖고 살지 못하는 사람은 '신경증자'다. **신경증자가 되기 쉬운 사람은 일반적으로 다음과 같은 성격 경향이 있다는 것을 참고하기 바란다.**

1   자기에 대해 자신감을 못 가지며 쓸데없는 걱정을 하거나 머리를 쓰며 자신을 책하고 조르는 경향이 강하다.
2   심신이 지치기 쉬워서 무슨 일도 오래하지 못하며 중도에 포기해버리는 무기력한 모습을 보인다.
3   정서적으로 미숙하고 심리적으로 의존적이어서 내면에 일어난 불안을 적절하게 처리하지 못한다.

이와 같은 성격 때문에 있는 그대로의 자기를 받아들이지 못하며 본래의 자기에 대해서 가치를 인정할 줄 모르는 당치도 않는 착각에 사로잡히게 된다. 한 가지 사례를 생각해 보자.

40대의 한 여성이 한 중년 남성을 사랑하게 되었다. 상대 남성도 그 여성을 사랑했다. 그런데 그녀는 여성이란 젊게 보이는 것이 상대가 더 좋아할 것이라고 생각하여, 무면허 의사로부터 얼굴 성형수술을 받았다. 그러나 수술이 잘못되어 수술 전보다 더 얼굴이 보기 흉하게 되었다. 이렇듯 본래의 자기에 대해서 가치를 인정할 줄 모르고 엉뚱한 착각을 한 결과 불행한 대가를 치루게 된 것이다.

신기루 같은 허황된 생각은 하지 않는다

먼저 다음과 같은 세 사람의 경우를 생각해보자.

과대망상적인 사람은 '나는 대통령이다'라고 하며, 신경증적인 사람은 '내가 대통령이라면 얼마나 좋을까'라고 자기를 과대평가해서 허황된 생각을 하며, 건강한 사고를 하는 사람은 '나는 나고 대통령은 대통령이다'라고 생각한다.

이들 세 사람 가운데서 '나는 나고 대통령은 대통령이다'라고 말하는 사람에게는 자기 자신에 대한 신뢰가 있기 때문에 자기가 할 역할이 있다는 것을 분명하게 알고 있는 사람이다. 그리고 그 역할에서 보람과 만족을 얻을 수 있는 사람이다.

이렇듯 있는 사실대로의 자기에 대해 가치가 있다고 생각하는 사람은 '이상적인 자기'와 '현실적인 자기'를 구별할 줄 알며 자기가 할 일이 무엇이라는 것을 알고 있는 사람이다. 즉, 긍정적인 자기개념을 가지고 있는 사람이다.

'내가 대통령이라면' 하는 허황된 가상의 꿈속에 갇혀 있는 사람은 현재의 자기에 불만이 많은 사람이다. 이런 사람의 마음의 밑바닥에는 자기멸시가 도사리고 있기 때문에 자기를 부정적으로 보며 경멸하게 된다. 때문에 이런 사람에게는 좋은 친구가 없다. 이렇게 생각하는 사람은 자기가 엄청나게 엉뚱한 착각을 하고 있다는 것을 깨닫는 일이 선결요건이다. 이 깨달음을 통해서 그동안 나는 있는 사실대로의 나를 인정하지 못했으며 참 나로서 살지 못한 것이 큰 잘못이었음을 알게 될 것이다.

고대 그리스의 동물우화 작가 '이솝Aesop'이 쓴 『이솝우화Aesop's Fables』에, 먹어보지도 않은 포도를 보고 "저 포도는 시다"고 말한 여우에 관한 이야기가 있다. 여우가 먹어보지도 못한 포도를 '시다'고 생각한 속셈은 포도를 따 먹을 수가 없기에 억울하고 분해서 자기를 합리화시킨 표현이다. 이 우화에서 중요한 점은 '왜 여우는 포도가 필요한 것이었을까'라는 점이다.

그것은 여우는 자기를 받아들이지 못함으로써, 열등감이 강하여 무언가에 대해서 자기를 과시하고 싶었기 때문이라고 볼 수 있다. 요컨대 열등감의 역표현이다. 육식을 좋아하는 여우가 포도를 탐낸 것만 보아도 여우의 속내가 들여다보인다. 이는 여우의 심각한 열등감이나 애정결핍감, 고독감 등이 그렇게 만든 것이라고 볼 수 있다. 이렇듯 현재의 자기를 멀리하고 허황된 백일몽에 빠져있는 사람은 결코 참된 자기, 나다운 나로 생활을 할 수 없다.

또한 남을 시기하고 삐뚤어지게만 생각하는 사람은 자신을 인정하지 않으려고 하기 때문에 대인관계에서 문제가 있기 마련이다. 이런 사람은 신뢰하는 인간관계가 없다는 것이 큰 약점이다.

예컨대 고교동창이나 대학동창의 경우 자기는 중소기업에서 별로 잘 나아가지도 못하고 있는데 친구는 국내 유명기업체에서 근무하는 엘리트로 인정받고 있는 것을 보고 "분하고 속상하다"고 생각한다면 이런 사람은 '나는 나다'라고 하는 정체성이 확립되어 있지 않아서 매사를 자기를 기점으로 생각하고 행동하기 때문에 실제의 자기를 받아들이기가 힘든 사람이다.

때문에 주위 사람들과 신뢰하는 인간관계도 만들지를 못한다. 신뢰하는 인간관계가 있다면 '나는 나', '너는 너', '너와 나'의 관계가 긍정적이어서 상대에 대한 열등감 때문에 허황된 꿈을 꿀 필요도 없을 것이다.

이솝우화에서 '저 포도는 시다'고 말한 여우의 교훈에는 또 하나의 중요한 의미가 있다. 그것은 여우의 주변에는 신뢰관계가 없다는 것이다. 그러나 있는 사실대로의 나, 솔직하고 가식이 없는 나에 대해서 가치가 있다고 자기를 인정할 줄 아는 사람의 주변에는 같은 생각을 하고 있는 사람들이 모이기 마련이다.

이솝우화의 여우에게는 좋은 친구가 없었다. 만약에 좋은 친구가 있었다면, 저 포도는 시다고 말하지 않았을 것이며 먼저 포도를 따려고 도전했을 것이다. 요컨대 자기를 기만하지 않고 도전했을 것이다. 이 경우에, 여우가 나무에 올라가려고 도전하는 동안, 비로소 여우는 자기가 누구인가를 알게 될 것이다. 즉 내가 여우인 것을 알게 되면 있는 그대로의 자기에 대해 자신을 갖게 되었을 것이다. 그러나 저 포도는 시다고 합리화해서 자기를 속였기 때문에 포도에 미련이 남게 된다.

자기를 받아들일 수가 없는 사람은 또한 자신의 운명도 받아들이지를 못하며 진정한 친구도 없으며, 밑바닥에는 증오감과 고독감으로만 차 있다. 겉으로 보기에는 친구가 많은 것처럼 처신해도 고독하기 때문에 적이 많다. '고독'과 '혼자 있다'는 것은 그 의미의 질이 다르다. 혼자 있는 사람이라고 해서 반드시 외로운 것도 아니고 주위 사람들과 적대관계가 되는 것도 아니며 자신을 증오하지도 않는다. 혼자라 하여도 자존감·자기신뢰·독자성을 실현하며 사는 사람도 많다.

특히 '혼자'라 할지라도 자기가 자유로운 '실존'으로서 살고 있는 본래적인 인간의 모습을 발견할 때 혼자인 자기는 결코 외롭지 않으며, 신앙생활을 하는 사람이라면 신 앞에선 경건한 마음으로 초월 자아와 절대자와의 관계 속에서 신앙인으로서 나의 책임을 다해야 하기 때문에 고독할 수가 없을 것이다.

이렇듯 자기라는 존재의 가치를 발견하지 못하거나 자기를 받아들일 줄 모르는 사람은 주위에 친구가 있어도 그렇게 질이 좋지 않다. 가진 것도 많고 지명도도 높고, 권력도 가지고 있을지 몰라도 모두가 이해득실관계로 인하여 인간으로서의 질이 좋지 않기 때문에 외로울 수밖에 없다.

실패의 원인을 내 탓으로 돌린다

사람들 가운데는 어떤 잘못이나 실패의 원인을 내 탓으로 돌리는 사람도 있는가 하면 자기 아닌 외적인 조건이나 환경 요인으로 돌리는 사람도 많다. 이렇듯 똑같은 실패의 원인을 자신의 내적 요인(성격, 노력, 태도, 능력 등)이나 외적 요인(환경요인·운·우연 등)으로 돌리는 사람도 있기 때문에 심리학에는 어떤 행동의 인과적 이해를 대인지각에까지 적용시켜 행동원인의 추론과정(귀인과정)을 이론적으로 설명하는 '귀인이론attribution theory'이라는 것이 있어서 행동의 이해와 예측을 많이 돕고 있다.

예컨대 어떤 학생의 경우 열심히 노력했는데도 성적이 부진한 것은 왜일까?, 또는 그녀는 왜 결혼을 포기했을까와 같이 그 원인에 대해서 정보를 수집 분석하여 그것은 노력 부족이었다, 부모의 반대 때문이었다라고 추론하여 인과관계를 찾아내서 보다 타당한 이해를 하게 된다.

이 경우에 전자와 같이 그 책임을 자신에게 돌렸다면 '내적 귀인'이 되며 후자와 같이 그 책임을 외부로 돌렸다면 '외적 귀인'이 된다. 이와 같은 관점에서 본다면 카운슬링도 카운슬러와 클라이언트의 연속적인 귀인의 과정이 중심이 되며 잘못된 귀인을 수정하는 과정이라고도 볼 수 있을 것이다.

중요한 것은 행동의 결과가 내적 귀인에 있는데 외적 귀인으로 돌리는 경우다. 여러 조사보고에 의하면 성취동기가 강하고 도전적이며 노력하는 사람일수록 남의 탓으로 돌리지 않고 내 탓으로 돌릴 줄 아는 사람이며 내가 나임을 당당하게 말하고 살아갈 수 있는 사람이다.

사람은 누구나 무슨 일에 실패하여 뜻을 이루지 못할 때는 '사고의 전환'을 통해 실패의 교훈을 얻지 않는 한 정서적으로 짜증스럽고 초조하며 우울해지기 쉽다. 이 경우에 실패의 책임을 어디론가에 전가하게 되면 심리적으로는 다소 편안해질 것이다. 때문에 사람들은 대부분 무언가 뜻대로 되지 않으면 외적인 조건이나 남 탓으로 돌리기를 좋아한다.

발달상으로 보면 미숙한 어린이일수록 책임을 전가하기를 좋아한다. 그것은 어린이들이 자기의 책임을 짊어질 만큼 심리적 기능이 발달되어 있지 않기 때문이다. 이런 점에서 본다면 어린이들이나 또는 어른이라 할지라도 정서적으로 미숙하고 책임을 짊어질 정도로 심리적 기능이 덜 발달되어 있는 사람은 '진정한 자기 authentic self'로서의 생활은 할 수 없다고 해설할 수 있을 것이다. 이런 사람이란 자기존재의 가치도 모르며 현실의 자기를 받아들이지도 못한다. 이런 사람은 언제나 불만으로 가득 차 있다.

당신이 당신의 현실을 만든다

사람은 매일같이 자기가 선택했던 환경이나 주어진 환경과의 상호작용 속에서 자기만의 고유한 체험을 하게 되며, 이 체험이 그 사람의 현실을 만들게 되며 운명도 만들게 된다. 또한 같은 환경이라도 상호작용하는 정도에 따라서 체험의 질과 양도 달라지겠지만, 설혹 동일한 체험을 해도 어떤 사람은 마음에 상처를 받지만 또 어떤 사람은 별로 상처라고 생각하지도 않는다.

문제는 체험이나 환경이 어떤 영향을 주느냐는 그 사람의 마음에 달려 있다. **인생에서 직면하게 되는 좌절이나 실패가 얼마나 사람을 고통스럽게 하느냐도 그 사람에게 달려 있다.** 즉 좌절도 그 사람이 어떻게 받아들이느냐에 달려 있다. 때문에 사람이 사회적·경제적·육체적으로 똑같은 경험을 했다 해도 즐거움이나 외로움은 그 사람에 따라서 완전히 달라진다.

예컨대 무엇을 '잃어버린다'는 것에 대한 의미도 사람에 따라서 다르며, '있어야 할 것이 없다'는 사실에 대한 의미도 사람에 따라서 다르다. 여기에 어린이 때 지나친 간섭과 사랑받지 못하고 자란 항문형 성격anal character의 인색한 사람이 십만 원을 분실했다고 하자.

> 항문형 성격이란 프로이트의 정신성적 발달psychosexual development의 첫번째 단계인 구순(애)기(oral stage 0~1세)를 지나 두 번째 발달단계인 항문기|anal stage(배설훈련이 시작되는 2세~3세)에 배설훈련을 원만하게 체험하게 되면 독창성과 생산성을 높여주게 되지만 배설훈련을 지나치게 엄격하고 통제하게 되면 가급적 배설을 보류하려는 습관 때문에 인색하고 융통성도 없고 완고한 성격을 만들게 된다는 데서 나온 말이다.

항문형 성격 소유자는 잃어버린 십만원에 대해서 아깝고 분해서 처음 며칠 동안은 잠도 잘 이루지 못한다. 겨우 잠이 들어도 깊은 잠에 들지 못하여 깨고 나면 다시 분하고 아까운 생각 때문에 잠을 설치게 된다. 그 후에도 계속 한숨을 짓게 되고 다른 일은 안중에도 없으며 식사 중에나 작업 중에도 마음은 건성이다.

이렇듯 안 좋았던 일을 자꾸 생각하는 반추행동rumination은 정신 위생상 매우 해롭다.

이와는 달리 기질적으로 성격이 밝고 쾌활하며, 사랑받고 자란 사람의 경우, 똑같은 십만원을 분실했지만 '돈은 다시 벌면 된다'고 긍정적으로 생각하여 "이제부터는 더욱 주의하라는 메시지를 얻었다. 이번 일로 인하여 앞으로 백만원 잃어버릴 것을 피할 수 있는 값진 교훈을 얻었다. 덕택으로 90만원을 번 셈이다"라고 산뜻하게 넘어간다.

이렇듯 사람은 무엇을 체험해도 그것은 나만이 고유한 것을 체험하고 있다는 것을 생각하기 바란다. 그리고 이 고유한 체험을 받아들인다고 하는 것이 곧 자기의 운명을 받아들인다는 것임을 생각하기 바란다.

또 한 가지 중요한 것은 사람이 무엇을 체험한다는 것은 환경에 의해서 일방적으로 결정되는 것은 아니라는 점이다. 아무리 좋은 환경이어도 환경에 무관심하면 상호작용이 없기 때문에 환경으로부터 영향을 받을 수 없기 때문에 아무런 좋은 체험도 할 수 없게 된다. 그러나 환경에 적극적인 관심을 갖고 상호작용을 하게 되면 상호작용을 한 만큼 그 환경에서 좋은 영향을 받아 풍부한 체험을 하게 된다.

요컨대 체험이란 환경에 대한 관심과 상호작용하는 노력의 함수다. 환경은 좋지만 무관심한 사람보다는 환경은 다소 열악한 데가 있어도 적극적인 관심을 가지고 있는 사람이 환경으로부터 더 많은 영향도 받을 수 있고 더 많은 체험도 할 수 있기 때문에 변화도 더 크다.

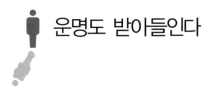

운명도 받아들인다

인생에는 길흉, 화복과 같이 사람의 지력과 능력을 넘어선 위력에 의해서 찾아오는 운수·숙명·명운 같은 것이 있다. 때문에 이 운명은 피할 수 없는 대상이며 특히 흉이나 화는 우리가 행복해지기 위해서는 반드시 넘어야 할 장애물이라고 본다.

기쁨·슬픔 등이 영원히 반복한다는 '영겁회귀Die ewige Wiederkehr des Gleichen'를 깨닫는 순간의 행복과 전율이 무한이 회귀하는 인생을 살만한 가치가 있다고 본 니체Nietzsche를 생각해 보자. 그는 인간의 생존에 대한 '디오니소스적인 태도'는 철학자가 도달할 수 있는 최고의 상태'라고 보고 어떤 운명에도 긍정적으로 받아들이며 능동적으로 맞서는 당당한 '운명애amor fati'라는 말을 남겼다.

누구나 자기 인생에서 장애가 생길 것을 바라는 사람은 없다. 이는 마치 전쟁을 바라는 사람이 없는 것과도 같다. 문제는 고뇌와 비애를 통해서 새로운 삶의 세계에 도달하는 '심연Abgrund'의 뜻을 체현하는 삶의 궁극적인 모습이 중요하다.

미국 역사에서 노예는 남북전쟁으로 해방되었다. 그래서 링컨 Abraham Lincoln은 현재도 노예를 해방시켰다는 것으로 존경받고 있는 것이다. 그러나 이 역사적인 사실은 남북전쟁이라는 수난을 슬기롭게 극복했기에 가능한 것이었다. 실존주의 정신의학자 프랑클Viktor Frankl이 '운명에 대한 태도', '운명에 대한 의미 부여'를 통해서 운명은 슬기롭게 극복할 수 있다고 하여 '수난의 의미meaning of suffering(파토스의 로고스logos of pathos)'를 강조한 것도 운명을 피하지 않고 능동적으로 대처하라는 관점에서 한 말이다.

인류 최대의 범죄자였던 독일의 나치스, 이탈리아의 파시즘, 일본의 군국주의를 몰아낸 것도 제2차 세계대전이었다. 만약에 이때의 수난을 두려워했고 이들 세력에 복종했었다면 인류 역사는 암흑세계로 변했을 것이다.

그러나 이들 부당한 세력에 항거하고 전쟁을 승리로 이끌음으로서 나치스, 파시즘, 군국주의로부터 해방될 수 있었던 것이다. 베토벤Beethoven이 '고뇌를 통해서 환희에 이르러라'는 유명한 말을 남겼던 것도 자기 운명을 긍정적으로 받아들여 이를 의미 있는 자기실현으로 만들어가는 것에서 인생의 의미를 찾으라는 말일 것이다.

만약 인류가 운명적으로 찾아온 전쟁을 무서워하고 피한다면 그 결과는 노예의 길밖에는 없을 것이다. 인생은 본래 불공평한 것이고 단점도 자기 개성이라고 생각하고 '체념'과 '결단'으로 자기 인생을 다시 살기 시작하는 것은 인생 최대의 업적이다. 숙명적으로 어떤 부모를 가졌느냐, 어떤 인간관계 속에서 자랐느냐는 당신의 책임이 아니다. 그러나 이를 자신의 운명으로서 받아들이지 않는 것은 당신의 책임이다.

인생의 업적이 같지 않은 것도 사람마다 고유한 자기 운명에 대한 체념과 결단이 다르기 때문이다.

우리는 경험을 통해서 많은 것을 배운다. 그래서 경험은 위대한 스승이다. 그 중에서도 불행을 받아들이게 되면 무엇을 어떻게 하면 제일 좋은가를 발견할 수 있게 된다는 것을 알고 있다. 때문에 삶에 지쳐있을 때는 나의 인생은 고통스럽고 괴롭다는 현실적인 자기 처지를 시인하고 수용하는 가치의 상대화가 중요하다. 그렇게만 된다면 당신의 인생에는 희망이 보이게 되고 새로운 자기가 보이게 될 것이다. 어찌하여 나만이 고통을 받는다는 말인가 라고 자기 자신에 불만을 토로하고 짜증만 낸다면 자기 인생은 더욱 고통스럽게 된다.

행복하게 사는데 중요한 것은 마음의 역사다

남을 흉내내지 않으며 자기다움을 잃지 않는다

사람마다 다른 고유한 인생이란 그 사람의 마음의 세계와 관계가 있다. 당신이 지금까지 '그렇게' 살아왔다는 사실은 그대로 그것이 당신의 인생인 것이다. 때문에 당신은 지금까지 살아왔던 역사 속에서 '자기'를 발견하게 될 것이다. 이 경우에 많은 사람들은 자기가 '할 수 없다'는 것을 '잘못된 일'로 착각하는 경우가 많다.

그러나 우리가 좀더 깊이 생각해보면 무엇을 할 수 없다는 것이 무조건 나쁜 것이 아니라는 것을 알아야 한다. 때로는 오히려 할 수 없다는 것이 그 사람이 앞으로 오래 살아가는데 있어서 도움이 될 때도 많고 어떤 화를 피할 때도 있다. 이솝우화식으로 설명한다면 다음과 같은 말이 된다.

개구리가 물가에서 즐겁게 뛰어놀고 있었다. 이것을 본 가재가 부러워서 필사적으로 개구리를 닮으려고 했다. 그러나 가재는 연습에 연습을 거듭하여 수중에서 육지로 떨어졌지만 힘이 빠져 다시 물속으로 되돌아 갈 수가 없어서 굶주리다 죽어버렸다.

가재는 육지에서 뛸 수 없기 때문에 가재인 것이다. 가재에게 뛸 수 없는 것은 너무도 자연스러운 것이다. 만약 육지에서 뛸 수 있다면 가재는 가재가 아닌 것이다. 가재는 몸의 구조상, 긴 꼬리, 많은 헤엄다리를 가지고 있어서 육지보다는 물속에서 살기에 편리한 절지節肢동물이다. 이것을 모른 가재는 개구리를 닮으려고 했기 때문에 본래의 자기다움을 상실하여 화를 당한 것이다.

인간의 경우에도 이런 사람이 있다. 이런 사람은 자기가 스스로 자기의 묘혈을 파고 있는 사람이다. 가재가 뛸 수 없다는 것을 알았더라면 자기가 어떤 존재라는 것을 알 수 있는 좋은 기회였는데도 이를 놓치고 만 것이다. 대부분의 사람들은 불운이나 실패에 대해서 한탄하고 운명 탓만 할 줄 알지 그것이 자기를 알 수 있는 소중한 기회인지를 모르기 때문에 불행한 것이다. 진정한 행복을 바란다면 남을 시샘하여 그대로 모방하려고 하지 말고 나다움Iness을 잃지 않도록 하는 것이 중요하다.

왜 사람은 자기가 아닌 자기로 살려고 하는가

사람들 가운데는 자기가 자기로서 당당하게 살지 못하고 자기가 아닌 또 하나의 가상의 자기로 살고 있으면서도 그렇게 살고 있는 자기를 알지 못하고 살다가 생을 마치는 사람이 많다. 이 문제는 마치 셰익스피어Shakespeare의 4대 비극의 주인공 중의 하나인 '햄릿Hamlet'이 말한 "살 것인가 죽을 것인가 이것이 문제다To be or not to be, that is the question"와 같이 "내가 나로서 살 것인가 내가 아닌 나로 처신하며 살 것인가 이것이 문제다"라고 말할 수 있다.

예컨대 원숭이는 헤엄을 잘 치지 못하는데, 원숭이인데도 이를 무시하고 물고기처럼 살려고 한다면 이런 생각도 허황된 발상이다. 만약 당신이 사는 것이 힘들다고 해서 원숭이 같은 허황된 생각을 하지 않고 체념과 결단으로 현실적인 자기조건을 긍정적으로 받아들이게 된다면 살길이 보이게 될 것이다.

그렇다면 사람은 왜 자기가 아닌 자기를 선택하고 마는 것일까?

그것은 욕심만 많아서 만족할 줄도 모르고, '현실의 자기'를 망각한 나머지 현재의 삶에서 가치와 의미를 못 느끼며, 삶에 대한 가치관이 삐뚤어져 있기 때문이다. 요컨대 자기는 원숭이임에도 물고기 쪽이 가치가 있다고 생각하며, 물고기 같이 살려고 하는 것이다. 즉 원숭이이기보다는 물고기 쪽이 가치가 있고, 나무에 올라가는 것보다 헤엄치는 쪽이 더 가치 있다고 생각하는 '잘못된 가치의 서열화'가 자기 마음속에 있기 때문이다.

이렇듯 실재의 자기를 비하하는 사람은 태연하게 자기와는 다른 자기로 살아가고 있지만 부끄러운 줄을 모른다. 당신은 지금까지 살아온 인생의 이력을 한번 생각해 보아라. 그리고 당신이 자기 아닌 자기로 행동할 때면 당신의 마음의 세계에서는 무엇이 일어나고 있었는가를 상기하기 바란다. 당신은 삶의 이력 가운데서 객관적으로 밖으로 나타난 것만 생각하기 때문에 자신自信을 갖지 못한다.

당신이 그동안 살아온 이력 가운데는 당신 고유의 마음의 세계의 이력이라는 것이 있다. 행복하게 살기 위해서 중요한 것은 꾸밈없는 '마음의 이력이라는 역사'이다.

여기서 다음과 같은 사례를 생각해 보자. 어머니를 잘 돕는 두 어린이의 착한 행동을 생각해 보자. 갑식이는 어머니가 마음에 들지는 않지만 어머니로부터 인정받기 위해서 자신의 감정을 누르고 무리해서라도 억지로 심부름을 갔다. 이와는 달리 철수는 어머니를 사랑하는 마음에 어머니의 수고를 덜어주기 위해 심부름을 갔다.

이렇듯 똑같은 심부름이라 할지라도 마음의 세계에서 일어난 것은 전혀 상반된다. 갑식의 경우는 어머니를 돕는 외적인 행동만을 생각하기 때문에 자신이 고유한 존재가 아닌 것처럼 생각하게 된다. 마찬가지로 어른이 되어 경제적으로 여유 있는 생활을 하고 있음에도 외적인 생활만을 중시하게 되면 자신의 인생이 고유한 인생이라는 것을 생각하지 못하고 감사할 줄도 모른다.

때문에 실존적 공허감에 사로잡히기도 한다. 뿐만 아니라 남의 인생과 자신의 인생을 비교하여 끝없이 남을 시기하거나, 자기 생활에서 만족할 줄을 모른다. 그래서 항상 불만이다.

실패하는 것이 인생에 도움이 될 때도 있다

사람들은 눈앞에 보이는 부귀영화나 권력만을 행복이라고 생각하기 쉽다. 그래서 사람들 가운데는 자기가 무슨 일에 실패했을 때, 나 자신이 처음부터 할 수 없었을 때 그것이 자신에게 무언가를 가르쳐 주고 있다는 것을 아는 사람이 있는가 하면 이를 전혀 모르는 사람도 있다.

대부분의 사람들은 자신의 불운이나 실패 같은 것에 대해서 그동안 어리석은 생각으로 질투와 두려움과 원망 속에서 살아왔기 때문에 불운이나 실패 같은 것이 인생에 얼마나 좋은 경험인지를 모르고 산다.

이솝우화에는 '임금님이 된 원숭이'라는 이야기가 있다. 짐승들 가운데서 원숭이는 춤을 잘 춰서 인기 있는 자가 되었다. 이로 인해 원숭이는 임금님으로 뽑혔다. 이를 본 여우는 질투하였다. 그래서 여우는 올가미 속에 고기가 놓여있는 것을 보고 원숭이를 데리고 가서, 자기가 좋아하는 먹이가 있음에도 자기는 손대지 않고, 임금님을 위해 고기가 놓여있습니다 라고 말하였다. 속이 없는 원숭이는 그 고기를 가지러 갔다가 올가미에 걸리고 말았다. 이렇듯 원숭이는 임금님이 된 것이 파멸의 길로 이어진다는 것을 생각하지 못한 것이다. 눈앞의 일만 볼 줄 알고 생각이 짧았던 것이다.

Norman M. Bradburn and David Caplovitz, *Reports on Happiness*, Chicago : Aldine Publishing Company, 1965, p.53.

인간의 세계에도 돈과 권력에 대한 탐욕 때문에 끝에 가서 비참하게 된 일들이 얼마나 많은가. 우리 사회에는 고위공직에 오르지 않았더라면, 국회의원이 되지 않았더라면, 재물이 그렇게 많지 않았더라면, 대통령이 되지 않았더라면, 교수가 되지 않았더라면, 변호사가 되지 않았더라면, 목사가 되지 않았더라면 등등, 얼마나 그 사례가 많은가.

원숭이는 임금님이 될 만한 그릇이 아니였던 것이다. 원숭이는 동물의 왕 사자가 아니다. 원숭이는 나무를 잘 타는 재주가 있기에 원숭이인 것이다. 자기 분수와 그릇의 크기를 알지 못한 것이다.

사람들 가운데도 줏대 없이 이리저리 휩쓸리고 추어주면 우쭐하는 부화뇌동하는 사람도 여기에 속한다. 이런 사람은 무슨 일에 실패했을 경우에는 한 가지 실패가 자기 인생이 완전히 실패한 것으로 생각한다. 너무도 단순한 사람이다.

그러나 무슨 일에 실패했다 하여도 그 시점에서 본다면 실패지만 실패를 통해서 자기를 발견했고, 좀 더 시간이 필요하고 보다 큰 것을 이룰 수 있는 방법을 찾았다는 점에서 실패가 오히려 의미 있는 전환점이 될 수 있는 경우도 많다. 뿐만 아니라 자기를 긍정적으로 받아들이는 사람은 그동안 별 탈 없이 살아온 것도 성공이라고 생각한다.

당신은 회사나 학교에서 당신이 바라고 있는 것만큼 인망을 얻지 못해 이를 불만스럽게 생각할지도 모른다. 또는 당신이 원하고 있는 것만큼 돈을 갖지 못해 이를 자기무능 탓이라고 생각하고 자학할지도 모르겠다. 그러나 당신의 현재의 자질과 가능성으로 보아 인망이 없고 돈이 없는 것도 당신의 인생을 파멸로부터 구제하고 있는지도 모른다고 생각하라.

일반적으로 보면 경망스럽고 우쭐대는 사람은 그런 사람의 친구까지도 원숭이같이 줏대 없고 경박해서 언젠가는 질투심 많은 여우 타입 같은 사람에게 큰 화를 당하게 될 것이다.

학자들 가운데도 학자의 양심을 버리고 학문하는 정도正道에서 벗어난 사람도 있다. 예를 들어, 본래 자기가 전공했던 영역이 시대변천에 따라서 세상 사람들의 각광을 받지 못하고 있다하여 자기 과시욕이 강하고 학자로서의 양심이 없는 사람은 세간의 각광을 받고 있는 영역으로 쉽게 방향을 바꾸는 경우다. 그리고 좌절하게 된다.

또는 원숭이 타입의 교수 가운데는 자기 주전공이 없고 인접 학문이라면 무엇이든지 하겠다고 나서는 사람도 있다. 이 경우도 역시 결과는 그리 좋지 않다. 생각해보면 이 경우도 자기 자신의 참 모습을 아직 정확히 알지 못한 결과라고 본다.

세간으로부터 주목받지 못하고 있기 때문에 그것이 '사기'인데도 이 현실을 착각하기 때문에 불행이 찾아오게 된다. 사람은 최선을 다하되 편안한 마음으로 제 분수를 지키는 안분자족安分自

ᆯ하는 삶에 대한 통찰이 필요하다. 우리가 현실을 직시하게 되면 얻을 수 있는 교훈이 많다고 본다. 어떤 점에서는 현실은 가장 정확한 살아있는 교과서다.

산다는 의미는 사람에 따라 다르다

사람들 중에는 자기실현을 위해서 수단방법을 가리지 않는 사람도 있고, 분수를 알고 가려서 하는 사람도 있다. 그러나 무엇이 자기실현self-actualization인가는 사람에 따라 다르다. 어떤 사람에게는 자기가 좋아하는 학문의 길을 가는 것이 자기실현이며 또 어떤 사람은 장사를 해서 돈을 많이 버는 것이 자기실현이라고 생각한다. 또 어떤 사람은 강요된 싫은 공부로부터 해방된 것을 자기실현이라고 생각한다.

그러나 중요한 것은 자기실현이 개인·가정·사회적인 측면에서 어떤 의미를 가지고 있는가에 있다. 어떤 사람은 부모형제도 모르고 사회나 국가도 저버린 자기실현에서 의미를 찾는가하면 자기를 초월한 지고지순한 자기실현에서 삶의 의미를 찾는 사람도 있다. 이렇듯 산다는 것의 의미는 사람에 따라서 다르다.

불경에 일수사견一水四見이라는 말이 있다. 이 말은 같은 물도 이를 보는 주체가 하늘이냐, 사람이냐, 귀신이냐, 물고기냐에 따라 네 가지로 보인다는 '유식무경론唯識無境論'에서 나온 말이 있다.

즉 "천상계에 사는 사람이 물을 보면 유리보석琉璃寶石으로 보이고, 물을 보면 물水로 보이지만, 아귀도餓鬼道에 빠진 귀신이 물을 보면 불火로 보이며, 물고기가 물을 볼 때는 물고기가 살 집으로 보인다■는 말이다.

이렇듯 똑같은 대상도 이를 보는 사람의 인식이나 사고의 프레임에 따라서 그것이 달리 보이게 된다. 흔히 아는 만큼 보인다는 말을 잘 쓰지만 사람은 살아오면서 자기 마음에 기록하게 되는 이력에 따라서 똑같은 대상이나 사실이 긍정적(낙관적)으로 보이기도 하고 부정적(비관적)으로 보이기도 하며, 바르게 보이기도 하고 삐뚤어지게 보이기도 한다.

이와 같이 사람이 어떤 대상을 인식할 때 사용하는 사고의 틀

이 말의 출전은 석반찰釋盤察의 찬纂으로 되어 있는 『온고요략溫故要略』에 있는 말이며, 즉 "하늘에서 물을 보면 유리로 보이며, 사람이 물을 보면 물로 보이나, 귀신이 물을 보면 불로 보이며, 물고기가 물을 볼 때는 살 집으로 보인다. 이로써 부처의 설법도 보는 바에 따라 각기 다르게 인식됨을 비유해서 한 말이다"(天見水思琉璃 人見水思水 鬼見水思火 魚見水思室 以之譬所見各別法門)에서 나온 말이다. 또한 유식唯識 vijñaptimatra 사상을 설하는 『섭대승론석략소攝大乘論釋略疏』에서도 집착을 끊고 차별에서 벗어난 후에라야 진리를 제대로 보고 바르게 인식할 수 있다는 것을 비유적으로 말하고 있다. "오늘날의 관점에서 해석해 보면, 한 가지 물도 네 가지로 보이며, 한 가지로 분명하게 확정할 수 있는 경지란 있지 않다"(今釋乃約 一水四見 明境非有)는 것을 말하고 있다. 요컨대, 동일한 사물도 그것을 보는 주체 또는 마음에 따라 다르게 보인다는 일경사면一境四面. 일경사심一境四心, 일경사견一境四見, 명경비유明境非有라고 하는 유식무경론唯識無境論 또는 만법유식萬法唯識, 일체유심조一切唯心造의 사상에서 나온 말이다.

같은 것을 '준거의 틀' 또는 '**참조의 틀**frame of reference'이라고 한다. 즉 보는 사람의 안경색이 달라지게 되면 같은 대상도 색이 달리 보이는 것과 같다. 예컨대 부모의 프레임(안경)으로 볼 때는 고분고분한 아이도 '교류분석transactional analysis'의 프레임으로 본다면 복종적인 어린이로 보이는 경우다.

그러나 참조의 틀도 실제 정신분석에 있어서는 차이가 있다. 즉 환자의 언어와 행동을 분석할 때, 분석자의 사고의 틀에 의해서 해석할 경우의 정신분석자의 사고의 틀을 '외적 사고의 틀external frame of reference'이라 하며, 인간중심 상담의 로저리안Rogerian이 내담자의 프레임을 통해서 관찰·이해·분류할 경우는 내담자의 사고의 틀을 '내적 사고의 틀inner frame of reference'이라고 한다. 요컨대 정신분석자는 '외적 사고의 틀'을, 로저리안은 '내적 사고의 틀'을 선호한다.

무릇 '사고의 틀'이란 사람마다 고유하게 가지고 있는 '태도attitude'의 의미를 가지고 있다. 태도란 사람마다 고유한 경험을 통해서 만들어진 정신적·신경적인 준비상태이기 때문이다. 또는 어떤 인지나 반응, 판단이나 사고의 방향을 규정짓는 '마음의 자세mental set'와 같은 것이기 때문이다. 특히 여러 가지 태도로 만들어지는 '태도군clusters of atticude'은 그 사람의 가치관을 형성하는 요인이 된다는 점에서 중요한 의미를 가지고 있다.

이와 같은 점에서 '사고의 틀'은 그 사람의 문제해결에도 영향을 주게 되며, 어떤 행동의 경향성에도 영향을 주게 된다. 때문에 똑같은 문제상황을 긍정적(낙관적)으로 볼 수도 있는가 하면, 이와는 달리 부정적(비관적)으로 보게 되는 사람도 있다. 뿐만 아니라 사고의 틀에 따라서 자기 운명을 받아들이는 사람도 있고, 자기 운명을 거부하고 한탄하는 사람도 있다.

여기서 이솝의 우화를 하나 더 들어보기로 한다.

두 마리의 개구리가 우유가 담긴 항아리 가장자리에서 뛰어돌아다니며 놀다가 실수로 두 마리 다 우유 항아리 속으로 빠지고 말았다. 그 중 한 마리는 비관적이어서 앗! 이젠 이것으로 끝이다 라고 외치며 울면서 빠져 있는 것이었다. 그러나 다른 한 마리의 개구리는 낙관적이어서 단념하지 않았다. 이 개구리는 빠진 항아리 속에서 발을 열심히 걷어 차 올리는 동작을 반복하였더니 나중에는 개구리가 있는 언저리가 굳어진 것을 알게 되었다. 무슨 일이 일어난 것이었을까? 놀랍게도 우유가 굳어져서 버터가 된 것이다. 개구리는 이 버터를 발판삼아 도약함으로써 버터로부터 힘을 받아 뛰어올라가서 항아리에서 빠져 나올 수가 있었다.

믿기 어려운 일이라고 생각할지도 모르겠지만, 제2차 세계대전 중 독일의 악명 높았던 다카우 강제수용소Concentration Camps of

----

다카우 수용소는 제 2차 세계대전 발발시에 독일군이 유대인 민족섬멸genocide을

Dachau에 수용되어 있던 유대인들이 참혹한 생존의 극한 상황과 아무 것도 기대할 수 없는 절망에 빠져서 무력상태에 있었을 때, 이 이솝의 두 마리 개구리의 우화를 듣고 삶에 대한 용기와 기력을 되찾을 수 있었다고 한다.▪

낙관주의자optimist와 비관주의자pessimist에 대한 연구를 25년 동안 계속한 결과, 양자의 차이가 우울병의 이환율만이 아니라 학업·비즈니스·스포츠·평균수명 등에 큰 영향을 준다는 것을 밝힌 심리학자가 있다.

그 사람은 긍정심리학positive phychology의 관점에서 『진정한 행복 *Authentic Happiness*(2004)』을 저술한 팬실베니아대학 심리학 교수인 마틴 셀리그만Martin Seligman이다.

그는 낙관주의자는 왜 성공하느냐의 관점에서 저술한 『학습된

위한 '밤과 안개Nacht und Nebel' 작전 수행을 위해 만든 강제수용소이며, 독일국내에는 이 밖에도 6개 강제수용소가 있었다. 다카우 수용소는 뮌헨Mün'chen에서 약 12마일 거리에 있는 다카우에 있었다. 이 곳에서 의학실험으로 사용된 '인간 모르모트'의 수는 1941년부터 1942년에 걸쳐서 약 500명에 이르렀다고 한다.

▪ G. J. Manaster, G. Painter, D. Deutch, & B. J. Overholtt, *Alfred Adler : As We Remember Him*, North American Society of Adlerian Psychology, 1977, p.45.

▪ 우리나라 번역본은 도서출판 물푸레에서 『마틴 셀리그만의 긍정심리학(2009)』으로 펴냈음.

▪ Martin Seligman, *Learned Optimism*, New York ; Vintage, Paperback edition, 2006.

낙관주의*Learned Optimism*(1992)』에서 인생은 낙관적인 사람이나 비관적인 사람에게나 똑같이 좌절과 시련을 주며, 다만 인생에는 두 가지 방법의 보는 방식이 있기 때문에 인생을 어느 방법으로 생각하고 받아들이느냐에 따라서 인생은 달라진다고 보고 있다.

특히 셀리그만은 긍정적인 사람의 사고 패턴은 유전적으로 생득된 것이 아니라 후천적으로 길러진다는 것을 강조하고, 어린이를 비관주의자로부터 보호하고, 또 낙관적인 분위기 조성과 성공을 위하여 **ABCDE 모델**(Adversity 역경, Belief 소신·결심, Consequence 결과, Disputation 반론, Energization 기운을 내게 함)**을 이용하여 낙관적인 태도와 정서를 길러줄 것을 제시하였다.**

그러나 셀리그만은 낙관주의의 성과를 실증하면서도 성공하고 있는 기업에는 낙관주의자와 함께 비관주의자도 존재할 필요를 보충적으로 설명하고, "여기서 강조하고 있는 것은 기업의 정상에는 양자의 균형을 아우를 수 있을 정도의 지혜와 유연성을 갖는 최고경영자가 있지 않으면 안 된다"■ 라고 말하고 있다. 즉, 낙관주의는 만병통치약panacea이 아니며 상황과 문화에 따라서는 그 한계도 있음을 지적하고, 유연한 낙관주의flexible optimism도 배울 것을 바라고 있다.

■ *ibid*, p.45.

▮ 찾아보기 ▮

지은이 **정 인 석**

1929년 10월 16일(음) 전남 강진 병영(兵營)에서 출생하였으며, 서울대학교에서 문학사(교육학 전공), 교육학 석사(교육심리학 전공)를, 한양대학교에서 교육학 박사학위를 받았다. 고려대학교, 숙명여자대학교, 한양대학교 대학원 외래교수, 명지대학교에서 교수 및 사회교육대학원장을 역임하였고, 현재 한국트랜스퍼스널 학회 고문으로 있으며, 저서·역서에는 다음과 같은 것이 있다.

저서
교육심리학, 서울 : 재동문화사, 1965.
청년심리학, 서울 : 재동문화사, 1966.
교육원리, 서울 : 형설출판사, 1967.
생활지도(공), 서울 : 재동문화사, 1970.
현대교육원리, 서울 : 재동문화사, 1973.
교육원리(공), 서울 : 삼광출판사, 1975.
현대교육심리학, 서울 : 재동문화사, 1976.
심리학요론, 서울 : 재동문화사, 1977.
Durkheim의 도덕교육론, 서울 : 재동문화사, 1982.
청년발달심리학, 서울 : 재동문화사, 1982.
교육심리학(개정), 서울 : 재동문화사, 1984.
교육학개론, 서울 : 재동문화사, 1985.
신교육학개론, 서울 : 교육출판사, 1986.
교과교육론, 서울 : 교육출판사, 1987.
현대심리학개론, 서울 : 교육출판사, 1987.
신청년심리학, 서울 : 대왕사, 1988.
신교육심리학(개정), 서울 : 대왕사, 1989.
상담심리학의 기초이론, 서울 : 대왕사, 1991.
인간존중을 위한 교육의 탐구, 서울 : 교육출판사, 1996.
트랜스퍼스널 심리학 : 동서의 지혜와 자기초월의 의식, 서울 : 대왕사, 1998.
자기를 이기는 자는 자유롭다 : 구제프의 사상과 가르침, 서울 : 학지사, 2001.

인간중심 자연관의 극복, 서울 : 나노미디어, 2005.
상담심리학의 기초, 서울 : 대왕사, 2006.
삶의 의미를 찾는 역경의 심리학(증보판), 서울 : 나노미디어, 2008.
의식과 무의식의 대화, 서울 : 대왕사, 2008.
트랜스퍼스널 심리학, 제3판, 서울 : 대왕사, 2009.
용기있는 사람으로 키우는 심리학의 지혜, 서울 : 대왕사, 2011.
의미없는 인생은 없다 : 빅토르 프랑클의 의미심리학, 서울 : 학지사, 2013.

역서

Robert F. Dehaan, *Accelerated Learning Programs*, 1963(촉진학습을 위한 교육, 서울 : 재동문화사, 1968)

William R. Niblett(ed.), *Moral Education in a Changing Society*, 1963(변천하는 사회의 도덕교육, 서울 : 교육출판사, 1985)

Anna Freud, *Einführung in die Psychoanalyse für Pädagogen, Translated by Barbara Low, Psycho-Analysis for Teachers and Parents*, (First Published, 1935) Gergo Allen & Unwin, 1979(안나 프로이트가 풀어주는 아이들의 심리, 서울 : 열린책들, 1999)

Warwick Fox, *Toward a Transpersonal Ecology: Developing New Foundations for Environment*, Boston, Mass.: Shambhala, 1995(트랜스퍼스널 생태학: 인간중심 환경주의를 넘어서, 서울: 대운출판사, 2002)

Arnold Mindell, *Working on yourself Alon*, Oregon: Lao Tse Press, 2002(명상과 심리치료의 만남, 서울: 학지사, 2011)

Stanislav Grof (ed.), *Ancient Wisdom and Modern Science*, Albany, N.Y. : State University of New York Press, 1984(고대의 지혜와 현대과학의 융합, 서울: 학지사, 2012)